文章作成のキーポイント

八木和久 著

米田出版

まえがき

　筆者は企業に在職中、長年にわたって、お得意さま向けの技術情報誌を中心に、各種のパンフレットや年史、経営史など、さまざまな印刷物の編集・制作に携わり、いろいろな文章の原稿を書いてきました。これまでに、4冊の本も出版しています。

　このような経験を通じて、文章を作成するということに関するさまざまな知見を得たのですが、今回、そういった知見の中から、「わかりやすくて、読みやすく、しかもまぎらわしくない文章」を作成するためのキーポイントを整理し、1冊の本にまとめることにしました。では、どうしてそのようなキーポイントに焦点を絞ったのでしょうか。

　川端康成が書いた有名な小説、「雪国」をご存じの方も多いと思いますが、「国境の長いトンネルを抜けると雪国であった。夜の底が白くなった。信号所に汽車が止まった。〜」ということばで小説が始まっています。「夜の底が白くなった。」ということばは、まさに作者の感性がにじみでた表現ですが、非常にわかりにくい表現であることもまた確かです。「夜だというのに、雪明りで車窓の外がほんのり白く見えた。」とでもいったほうがはるかにわかりやすいと思います。しかし、そういうことばを使うと、どうでしょうか。ありきたりの表現になるので、小説の価値も損ないかねません。

　こういった小説のような文学作品などは別にして、ニュースを伝える記事や経済状況を分析した記事、技術解説文、あるいはまた情報機器の取り扱いマニュアル、さらには企業における各種の報告書などといった、いわゆる一般的な文章ではどうでしょうか。その基本はなんといっても、「わかりやすく・読みやすく・まぎらわしくないように」という3点につきると、考えています。したがって、「わかりやすくて、読みやすく、しかもまぎらわしくない文章」を作成するためのキーポイントに焦点を絞ったわけです。

いうまでもありませんが、文章のまとめ方とか原稿の書き方とかいうようなことを取り扱った専門書としては、これまでにもいろいろなかたちのものが出版されています。このため、本書においては、「いままでとは違った、新しいかたちのものに」ということを意識して、さまざまなくふうをこらしながら前述したキーポイントの説明を進めるようにしました。

　説明の流れの中に適宜、問題を組みこんだというのも、そういったくふうのひとつです。

　一般に、専門書では、詳細な説明が記述してあれば、それを読むことによっておおよその知識を身につけることができます。しかし、応用力までも身につけることができるかというと、なんともいえないところがあります。

　これに対し、詳細な説明の記述に加えて、説明に関連した問題も載せてあった場合は、どうでしょうか。説明を読むというだけでなく、問題に取り組んで答を考えるということも加わるので、ある程度の応用力をも含めて、より深く知識を身につけることができるものと思われます。そういった意味合いもあって、説明の流れの中に適宜、問題を組みこんだわけです。したがって、各問題のあとには答（正しい書き方がよくわかるように、ポイントになる部分に下線を引いたものもあります）も載せてありますが、答を見る前にまず自分で考えて問題を解くことをお勧めします。

　このほか、専門書によく見られる堅苦しさというようなものを緩和するために、文法用語についても、どうしても必要な場合を除いて、できるだけ使わないようにしました。

　全体を通しては、だれもが気楽に読めるよう、わかりやすい説明に心がけましたが、内容的には一定レベル以上のものを保つようにしました。「わかりやすくて、読みやすく、しかもまぎらわしくない文章」を作成するということに対して、本書が少しでも読者の方々のお役にたてれば幸いです。

　なお、本書の原稿の執筆に際しては、米田出版の米田忠史氏から数々のご助言とご協力をいただいたほか、巻末にあげた各種の文献を参考にさせていただきました。ここに、厚くお礼を申しあげるしだいです。

　2007年4月

八木和久

目　次

まえがき

§1　ポイントを押えたところに句読点を打つ ……………… 1
　　句読点について／文末に打つ句点／読点を打つときのポイント
§2　ほどほどの長さの文にする ……………… 15
　　詰めこみすぎないように／120〜130文字くらいまでの長さで
§3　おさまりのよい段落にする ……………… 18
　　段落はひとくぎりの文の集合体／段落を設ける目的について／分量は10行程度までを目安にして／少ない分量で続けることのないように／中心文の位置は状況に合わせて／必要に応じてみばえに配慮した手直しも
§4　「〜が」や「〜は」という主語を適切に使う ……………… 26
　　主語の使い方にはくふうを／ときには主語を省略して／主語の後ろの読点にも注意を
§5　表現をやわらかくする ……………… 30
　　口語調の表現を基本にして／平易なことばで／ことばの意味についても説明を／場合によっては二重否定の表現を使って
§6　リズム感を大切にする―その1 ……………… 36
　　文の長さと段落の分量に配慮を／"ワンパターン"で続けていくことのないように／文末のことばに変化をもたせて／読点の前のことばにも変化をもたせて／同じことばをいくつも使わないように
§7　リズム感を大切にする―その2 ……………… 46
　　動詞・形容詞・形容動詞について／動詞・形容詞・形容動詞の特定の使い方に注意を

§8　意味合いを明確にする …………………………………… 58
述語に対応する主語をはっきりさせて／主語と述語は近くに／主題の書き方にもくふうを／読点や前後の語句をつなぐことばの使い方に注意を／範囲を表すことばの使い方を正しく／ほかの語句にかかることばは適切な使い方を

§9　ことばのかかり方をはっきりさせる …………………… 67
「かかり〜かかられ」の関係を明確に／長いものを先に／重要性が高いものを先に／強調したいものを先に

§10　文脈をスムーズにする ……………………………………… 72
話の進め方をきちっとして／話の展開を妨げない段落構成に／ほかの語句にかかることばや前置きのことばは長すぎないように／指示語の対象となることがらを明確に／同じ表現や同じ意味合いの語句の使いすぎに注意を／同じことばをいくつも使って長い文にしないように／並列と選択の関係を明確に

§11　漢字とかなの使い方をくふうする …………………… 86
漢字とかなについて／漢字は正しく／漢字とかなの割合は30〜40%対70〜60%程度に／場合によってはかな書きで／漢字とかなのどちらで書くかということを統一して／交ぜ書きも用いて／ふりがなをつける配慮を／送りがなのつけ方をそろえて／外国の国名や地名などはカタカナで

§12　一貫性をもたせて順序よく説明する ……………… 98
きちっとした構成で無理のないストーリーに／時間的な流れ・空間的な位置・論理的な関係を軸に説明を／「5W1H」をはっきりさせて

§13　より具体的に説明する ………………………………… 102
身近なことがらを利用して／たとえ話を利用して／詳細がわかるように／理由を明確に

§14　符号を使いこなす ……………………………………… 108
符号について／符号の使い方のいろいろ／符号を積極的に利用するという使い方も

§15　図・表・写真を併用する ……………………………………… 117
　　　図・表・写真を効果的に使って／図・表・写真の分量は全体の30〜50％程度に／図・表・写真はわかりやすく／写真に付記する拡大率を間違えないように

§16　意味が通じるようにする ……………………………………… 124
　　　「主語－述語の対応」を正しく／表現を正しく／慣用句を間違えないように／動詞の使い方を正しく／読点の打ち方を間違えないように

§17　推敲を繰り返す ………………………………………………… 134
　　　さまざまな角度から何回も推敲を／推敲はチェックポイントに照らし合わせながら／いろいろなやり方で推敲を

参考文献

あとがき

事項索引

§1　ポイントを押えたところに句読点を打つ

●句読点について

　句読点、つまり句点「。」と読点「、」ですが、皆さんもよく知っているように、文の終わりに打つものが句点で、文の途中に打つものが読点です。句点のほうは、「ここでひとつの文が終わる」ということを示す、いわば終止符と考えればいいでしょう。これに対して、読点のほうは、文の中における切れ目を示したり、文を読みやすくしたりするために打つものです。どちらも、文には欠かせない要素です。

　ところで、第2次世界大戦後、政府の公用文はよこ書きになり、句読点としてはピリオド「．」とコンマ「，」を使うこととされました。しかし、ピリオドでは文の終わりがわかりにくいということなどの点から、1952年（昭和27年）に政府の内閣官房長官からだされた通達、「公用文作成の要領」では、ピリオドが句点に替えられました。

　そういったいきさつなどもあって、句読点の表記の組み合わせとしては、たて書きの文では「読点－句点」が使われているだけですが、よこ書きの文では「読点－句点」・「コンマ－句点」・「コンマ－ピリオド」の3種類が使われています。単行本や雑誌などの印刷物を見ていただければ、おわかりになるでしょう。

●文末に打つ句点

　句読点の打ち方の説明に移ります。最初に、句点のほうですが、通常は文の終わりに打つものですから、大きな問題はないものの、注意しなければならない点はいくつかあります。それでは、句点の打ち方の問題をいくつかだしますので、取り組んでみてください。それぞれのケースに応じた句点の打ち方というようなものがわかってくるはずです。

　　　　　　＊　　　　　　　＊　　　　　　　＊

【問題1】次の文に句点を打ってください。
〇学校へ行きました

○図書館で本を借りてきました家に帰ってから読むつもりです

　　　　　　　　　　　＊

＜答＞
○学校へ行きました。
○図書館で本を借りてきました。家に帰ってから読むつもりです。

　　　　　＊　　　　　＊　　　　　＊

【問題２】次の文に句点を打つ必要は、あるのでしょうか。
○なんとすばらしい風景でしょう！
○本当にそうなんでしょうか？

　　　　　　　　　　　＊

＜答＞
○どちらの文も、句点を打つ必要はありません。
メモ：文末に感嘆符「！」や疑問符「？」をつけた場合は、句点を打つ必要はありません。

　　　　　＊　　　　　＊　　　　　＊

【問題３】次の文ですが、いずれも、文末にかっこでくくって語句が入っています。これらの文に句点を打ってください。
○すてきな喫茶店を見つけました(写真①参照)
○テーブルの上に花の球根が置いてあります(向って右：クロッカス、向って左：スイセン)

　　　　　　　　　　　＊

＜答＞
○すてきな喫茶店を見つけました(写真①参照)。
○テーブルの上に花の球根が置いてあります(向って右：クロッカス、向って左：スイセン)。
メモ：文末になんらかの語句をかっこでくくって入れるときは、後ろのかっこの外側に句点を打ちます。

　　　　　＊　　　　　＊　　　　　＊

【問題４】次の文ですが、いずれも、文末にかっこでくくって付記するかたちでひとつの文が入っています。これらの文に句点を打ってください。

§1 ポイントを押さえたところに句読点を打つ

○その日は、朝から眠くてしかたがありませんでした（実は、夜中の３時に起きて、朝までサッカーの試合をテレビで観ていたからです）
○水戸の偕楽園（かいらくえん）へ遊びに行ってきましたが、梅の花がちょうど見頃で、とてもきれいでした（偕楽園は、梅の花の名所なのです）

　　　　　　　　　　　＊

＜答＞
○その日は、朝から眠くてしかたがありませんでした。（実は、夜中の３時に起きて、朝までサッカーの試合をテレビで観ていたからです。）
○水戸の偕楽園（かいらくえん）へ遊びに行ってきましたが、梅の花がちょうど見頃で、とてもきれいでした。（偕楽園は、梅の花の名所なのです。）
メモ：ひとつの文をかっこでくくって、付記するかたちで文末に入れるときは、かっこの前の文に句点を打つとともに、かっこの中の文にも句点を打ちます。

　　　　＊　　　　＊　　　　＊

【問題５】会話が途中に入っている次の文に句点を打ってください。
○イヌを連れて公園を散歩していたときのことですが、「とてもかわいいイヌですね名前はなんというのですか」と、声をかけられました
○広島空港へ出迎えにきてくれた友人が、「遠路はるばる、広島までよくいらっしゃいましたきょうは、宮島をご案内します」と、いいました

　　　　　　　　　　　＊

＜答＞
○イヌを連れて公園を散歩していたときのことですが、「とてもかわいいイヌですね。名前はなんというのですか」と、声をかけられました。
○広島空港へ出迎えにきてくれた友人が、「遠路はるばる、広島までよくいらっしゃいました。きょうは、宮島をご案内します」と、いいました。
メモ：会話の部分は通常、かぎかっこでくくりますが、文の途中に入る会話の中では、話が続いているときの文には句点を打つものの、もうこれで話が終わるという最後の文の句点、つまり後ろのかぎかっこの前にくる句点だけは省略します。

　　　　＊　　　　＊　　　　＊

【問題6】会話で終わっている次の文に句点を打ってください。
○気象予報士がいっていたことばをそのまま再現して口にしたのですが、「あすは一日中、雨でしょうしかし、あさっては天候が回復します」
○パン屋の主人がいうには、「そうなんですおいしいパンをつくれるようになったのは、何年も経験を積んだおかげでしょう」

＊

＜答＞
○気象予報士がいっていたことばをそのまま再現して口にしたのですが、「あすは一日中、雨でしょう。しかし、あさっては天候が回復します。」
○パン屋の主人がいうには、「そうなんです。おいしいパンをつくれるようになったのは、何年も経験を積んだおかげでしょう。」
メモ：この場合の文末としては、一般には答に示したかたちが多いものの、最初の文では"～回復します"。"や"～回復します"、2番目の文では"～おかげでしょう"。"や"～おかげでしょう"というかたちもあります。

＊　　　＊　　　＊

【問題7】会話が独立している次の文に句点を打ってください。
○「お客さまが来られました玄関までお出迎えしてください」
○母がいいました「もうすぐ夕ご飯ですよ手を洗っていらっしゃい」

＊

＜答＞
○「お客さまが来られました。玄関までお出迎えしてください」
○母がいいました。「もうすぐ夕ご飯ですよ。手を洗っていらっしゃい」
メモ：独立した会話に対しては、文の途中にある会話の場合と同じ取り扱いをします。

＊　　　＊　　　＊

●読点を打つときのポイント
　次に、読点のほうですが、句点とは違っていろいろ注意しなければいけないことがあります。それでは、最初に問題を3つだしますので、取り組んでみてください。

§1　ポイントを押さえたところに句読点を打つ　　　　5

＊　　　　　＊　　　　　＊

【問題8】次の文に読点をひとつ打ってください。読点を打った文は2種類つくり、それらの文の意味合いの違いについても説明してください。
○電線に止まっていたスズメはさえずりながら空を低く飛んでいるヒバリに近づいていきました。

＊

＜答＞
○電線に止まっていたスズメはさえずりながら、空を低く飛んでいるヒバリに近づいていきました。
（この場合は、さえずっているのはヒバリではなく、スズメのほうです。）
○電線に止まっていたスズメは、さえずりながら空を低く飛んでいるヒバリに近づいていきました。
（この場合は、さえずっているのはスズメではなく、ヒバリのほうです。）
メモ：ことばづかいが同じ文であっても、読点を打つ位置によっては意味合いがまったく違ってくる、というようなことがあります。

＊　　　　　＊　　　　　＊

【問題9】次の文に読点を打つ必要は、あるのでしょうか。
○学校へ行きました。
○朝ご飯を食べました。

＊

＜答＞
○どちらの文も、読点を打つ必要はありません。
メモ：短い文であれば、特に読点を打つ必要はありません。

＊　　　　　＊　　　　　＊

【問題10】次の文は読点が多すぎるので、読点の数を減らしてください。
○小高い、丘の上にある、動物公園は、レッサーパンダが、飼育されている、こともあって、子供たちから、たいへんな人気を、集めています。

＊

＜答の一例＞
○小高い丘の上にある動物公園は、レッサーパンダが飼育されていることも

あって、子供たちからたいへんな人気を集めています。
メモ：読点を打ちすぎても、かえってわかりにくくなるので、ほどほどにしておく必要があります。

＊　　　　　＊　　　　　＊

　いかがでしたでしょうか。読点のはたらきとか、読点の重要性とかいうようなものが理解できたのではないでしょうか。
　ところで、読点を打つときの決まりは、あるのでしょうか。これについては、特にあるわけではありません。一般には、「読み間違いや誤解が生じないように／意味がわかりやすくなるように／ことばのつながり具合、いわば文脈がよくなるように」などというようなことを考えて、判断することになります。
　それでは、読点の打ち方に関しておおよそのところを理解していただくためにも、これからさまざまな問題をだしますので、取り組んでみてください。

＊　　　　　＊　　　　　＊

【問題11】次の文に読点をひとつ打って、わかりやすくしてください。
○ついに咲きましたアサガオの花が。
○まもなく雲に覆われてしまったのです晴れ渡っていた青空は。

＊

＜答＞
○ついに咲きました、アサガオの花が。
○まもなく雲に覆われてしまったのです、晴れ渡っていた青空は。
メモ：日本語の文では、普通は「何が（何は）〜どうした」という書き方をしますが、そういう書き方をしないで、「どうした〜何が（何は）」というように、語順を逆にするときには読点を打ちます。

＊　　　　　＊　　　　　＊

【問題12】次の文に読点をひとつ打って、意味合いがわかりやすいものにしてください。最初の文では、「クリーム色をしていたのは、和紙ではなく、ビニールクロスのほうである」とします。また、2番目の文では、「小さいのは、子イヌではなく、キタキツネのほうである」とします。
○クリーム色の和紙とそっくりな外観のビニールクロスがありました。

§1　ポイントを押さえたところに句読点を打つ

○小さい子イヌと間違ってしまいそうなキタキツネでした。

＊

＜答＞
○クリーム色の、和紙とそっくりな外観のビニールクロスがありました。
○小さい、子イヌと間違ってしまいそうなキタキツネでした。
メモ：ことばのかかり方をはっきりさせるときには、読点を打ちます。最初の文では、読点が打ってなければ、「クリーム色の」というのは和紙とビニールクロスのどちらのことをいっているのか、わかりません。また、2番目の文でも、読点が打ってなければ、「小さい」というのは子イヌとキタキツネのどちらのことをいっているのか、わかりません。

＊　　　　＊　　　　＊

【問題13】次の文に対して、意味合いがよくわかるようにするには、どこに読点をひとつ打てばいいのでしょうか。「訪れた旅人のだれもがびっくりするくらい美しい」ということばは、「街」ではなく、「イチョウ並木」にかかっているものとします。
○訪れた旅人のだれもがびっくりするくらい美しい街の中にあるイチョウ並木でした。

＊

＜答＞
○訪れた旅人のだれもがびっくりするくらい美しい、街の中にあるイチョウ並木でした。
メモ：読点が打ってなければ、「訪れた旅人のだれもがびっくりするくらい美しいイチョウ並木」という意味合いであるはずのものが「訪れた旅人のだれもがびっくりするくらい美しい街」と受け取られてしまうことも考えられます。このような場合、つまり本来であれば離れたところの語句にかかっていることばが「そうではなく、そのすぐ後ろの語句にかかっている」と受け取られてしまう可能性がある場合には、読点を打たないと、本当の意味合いがわからなくなってしまいます。なお、問題13は問題12と同じ性格のものですが、ほかの語句にかかっていることばの長さに違いがあります。

＊　　　　＊　　　　＊

【問題14】次の文は、読点を取っても、意味合いを間違えることはないでしょうか。
○駅前に、焼きたてのおいしいパンを売っている店があります。

＊

＜答＞
○読点を取っても、意味合いを間違えることはありません。
メモ：「駅前に」ということばは離れたところにある「あります」という語句にかかっていますが、読点がない「駅前に焼きたての〜」という書き方でも、「駅前に」ということばがそのすぐ後ろにある「焼きたての」という語句にかかっていると受け取られてしまう可能性はありません。このような場合には、読点を打たなくても、意味合いを間違えることはないのです。

＊　　　　＊　　　　＊

【問題15】次の文に読点を3つ打って、わかりやすくしてください。
○長い歴史を持つ山陰のひなびた温泉街で美しい小川のせせらぎと小鳥のさえずりを聞きながら暖かく本当に穏やかな春の日差しを浴びて私たちはそぞろ歩きを楽しんだのです。

＊

＜答＞
○長い歴史を持つ山陰のひなびた温泉街で、美しい小川のせせらぎと小鳥のさえずりを聞きながら、暖かく本当に穏やかな春の日差しを浴びて、私たちはそぞろ歩きを楽しんだのです。
メモ：ほかの語句にかかることばで長いものがいくつも続いているときは、それぞれのことばのくぎりがつくところに読点を打ちます。

＊　　　　＊　　　　＊

【問題16】次の文に読点をひとつ打って、わかりやすくしてください。
○ジェットコースターに乗りました。さらに蒸気船にも乗りました。
○近道を通ることにしました。とはいうもののまだ2時間はかかります。

＊

＜答＞
○ジェットコースターに乗りました。さらに、蒸気船にも乗りました。

§1 ポイントを押さえたところに句読点を打つ

○近道を通ることにしました。とはいうものの、まだ2時間はかかります。
メモ：前後の語句をつなぐことばを文のはじめに使ったときは、読点を打つほうがわかりやすくなります。（この場合には、読点を打たなくても、間違っているというわけではありません。）

　　　　　　　＊　　　　　　　＊　　　　　　　＊

【問題17】次の文に読点を打って、わかりやすくしてください。読点は、最初の文ではひとつ、2番目の文では2つ打ってください。
○最初は本屋に立ち寄りついでパン屋にも立ち寄りました。
○春には桜の花が本当にきれいですがそれだけというのではなく秋には黄金色（こがねいろ）に色づくイチョウ並木が実にみごとな美しさをみせる公園です。

　　　　　　　　　　　　＊

＜答＞
○最初は本屋に立ち寄り、ついでパン屋にも立ち寄りました。
○春には桜の花が本当にきれいですが、それだけというのではなく、秋には黄金色（こがねいろ）に色づくイチョウ並木が実にみごとな美しさをみせる公園です。
メモ：前後の語句をつなぐことばを文中で読点の後ろに使ったときは、そのことばの長さを考えて読点の打ち方を判断します。なお、次のように書いても、間違っているというわけではありません。
○最初は本屋に立ち寄り、ついで、パン屋にも立ち寄りました。
○春には桜の花が本当にきれいですが、それだけというのではなく秋には黄金色（こがねいろ）に色づくイチョウ並木が実にみごとな美しさをみせる公園です。

　　　　　　　＊　　　　　　　＊　　　　　　　＊

【問題18】次の文に読点をひとつ打って、わかりやすくしてください。
○おおすばらしいですね。
○もしもし忘れものですよ。
○はい私がつくりました。

　　　　　　　　　　　　＊

＜答＞
○おお、すばらしいですね。
○もしもし、忘れものですよ。
○はい、私がつくりました。
メモ：感動・呼びかけ・応答のことばを使ったときは、読点を打ちます。なお、この場合には、句点を使って次のように書くこともできます。
○おお。すばらしいですね。
○もしもし。忘れものですよ。
○はい。私がつくりました。

＊　　　　＊　　　　＊

【問題19】次の文に読点をひとつ打って、わかりやすくしてください。
○熊野古道私は春になったらそこを歩いてみたいのです。
○南極大陸そこは極寒（ごっかん）の地です。

＊

＜答＞
○熊野古道、私は春になったらそこを歩いてみたいのです。
○南極大陸、そこは極寒（ごっかん）の地です。
メモ：提示のことばを使ったときは、読点を打ちます。なお、この場合には、句点を使って次のように書くこともできます。
○熊野古道。私は春になったらそこを歩いてみたいのです。
○南極大陸。そこは極寒（ごっかん）の地です。

＊　　　　＊　　　　＊

【問題20】次の文に読点をひとつ打って、わかりやすくしてください。
○アメリカの大リーグ球団ヤンキースの試合をテレビで観戦しました。
○幕末の土佐藩士坂本龍馬についていろいろ調べたのです。

＊

＜答＞
○アメリカの大リーグ球団、ヤンキースの試合をテレビで観戦しました。
○幕末の土佐藩士、坂本龍馬についていろいろ調べたのです。
メモ：前置きのことばを使ったときは、読点を打ちます。なお、この場合に

は、感動・呼びかけ・応答のことばや提示のことばのときのように、句点を使って、「アメリカの大リーグ球団。ヤンキースの試合をテレビで観戦しました。」とか「幕末の土佐藩士。坂本龍馬についていろいろ調べたのです。」とかいった具合に書くことはできません。

　　　　　　　＊　　　　　　　＊　　　　　　　＊

【問題21】次の文に読点を2つ打って、わかりやすくしてください。
○新しくできた公園は実は私もすでに知っているのですが来年になればさらに広くなるそうです。
○今年の美術展に出品された数点の版画とりわけ法隆寺の夢殿（ゆめどの）を題材としたそれは驚くほどみごとなできばえだそうです。

　　　　　　　　　　　　　　＊

<答>
○新しくできた公園は、実は私もすでに知っているのですが、来年になればさらに広くなるそうです。
○今年の美術展に出品された数点の版画、とりわけ法隆寺の夢殿（ゆめどの）を題材としたそれは、驚くほどみごとなできばえだそうです。
メモ：ことばを挿入したときは、読点を打ちます。

　　　　　　　＊　　　　　　　＊　　　　　　　＊

【問題22】次の文に読点を打って、わかりやすくしてください。読点は、最初の文では7つ、2番目の文では3つ、3番目の文では4つ、打ちます。
○東京へ遊びにでかけたときは皇居国会議事堂東京タワー都庁銀座浅草上野公園などを見てまわりました。
○ぼく君彼彼女の全員が参加できることになりました。
○豊富な湯量趣向あふれる露天風呂四季折々の味覚清流に面した客室などさまざまなうたい文句がパンフレットに書いてありました。

　　　　　　　　　　　　　　＊

<答>
○東京へ遊びにでかけたときは、皇居、国会議事堂、東京タワー、都庁、銀座、浅草、上野公園などを見てまわりました。
○ぼく、君、彼、彼女の全員が参加できることになりました。

○豊富な湯量、趣向あふれる露天風呂、四季折々の味覚、清流に面した客室など、さまざまなうたい文句がパンフレットに書いてありました。

メモ：同じ性格のことばを続けて使ったときは、読点を打ちます。なお、この場合は、「〜皇居や国会議事堂、〜」や「ぼくと君、〜」、「豊富な湯量とか趣向あふれる露天風呂、〜」などといったように、同じ性格のことばが続くところで最初のことばの後ろだけは、接続のことばを使ってもかまいません。

また、読点の代わりに中黒（なかぐろ）「・」を使って、次のように書くこともできます。

○東京へ遊びにでかけたときは、皇居・国会議事堂・東京タワー・都庁・銀座・浅草・上野公園などを見てまわりました。

○ぼく・君・彼・彼女の全員が参加できることになりました。

○豊富な湯量・趣向あふれる露天風呂・四季折々の味覚・清流に面した客室など、さまざまなうたい文句がパンフレットに書いてありました。

　　　　　＊　　　　　　＊　　　　　　＊

【問題23】次の文に読点をひとつ打って、わかりやすくしてください。

○ここ数年来観客動員数はわずかずつ増えてきています。

○以下教科書に準じて説明を続けます。

　　　　　　　　　　　　＊

＜答＞

○ここ数年来、観客動員数はわずかずつ増えてきています。

○以下、教科書に準じて説明を続けます。

メモ：漢字のことばが続くためにややこしいときは、読点を打ちます。

　　　　　＊　　　　　　＊　　　　　　＊

【問題24】次の文に読点をひとつ打って、わかりやすくしてください。

○その問題はやややややこしくなりました。

○いったんやり始めたら最後後のことはおかまいなしでした。

　　　　　　　　　　　　＊

＜答＞

○その問題はやや、ややこしくなりました。

○いったんやり始めたら最後、後のことはおかまいなしでした。

§1　ポイントを押さえたところに句読点を打つ

メモ：同じ文字が続くためにややこしいときは、読点を打ちます。
　　　　　　＊　　　　　　　＊　　　　　　　＊
【問題25】次の文に読点をひとつ打って、わかりやすくしてください。最初の文では、「甘いのは、和菓子と洋菓子の両方ではなく、和菓子だけ」ということにします。また、２番目の文は、「今年に採れた夏野菜をいっぱい食べたときのこと」というのではなく、「今年の夏に野菜をいっぱい食べたときのこと」という意味合いのものとします。
○菓子屋のショーケースには甘い和菓子と洋菓子が並んでいました。
○それは今年の夏野菜をいっぱい食べたときのことでした。
　　　　　　　　　　　　　　＊
＜答＞
○菓子屋のショーケースには甘い和菓子と、洋菓子が並んでいました。
○それは今年の夏、野菜をいっぱい食べたときのことでした。
メモ：ことばの意味合いがまぎらわしいときは、意味合いをはっきりさせるために読点を打ちます。
　　　　　　＊　　　　　　　＊　　　　　　　＊
【問題26】次の文に読点をひとつ打って、わかりやすくしてください。
○きょうのハイキングコースは非常に変化に富んでいましたが途中で立ち寄ったコスモスの咲き乱れる公園がとても印象に残りました。
○昨年に引き続いて今年もまたハーフマラソンに参加した人たちは昨年に比べてコースがはるかに走りやすく設定されていたことに満足しました。
　　　　　　　　　　　　　　＊
＜答＞
○きょうのハイキングコースは非常に変化に富んでいましたが、途中で立ち寄ったコスモスの咲き乱れる公園がとても印象に残りました。
○昨年に引き続いて今年もまたハーフマラソンに参加した人たちは、昨年に比べてコースがはるかに走りやすく設定されていたことに満足しました。
メモ：「何が（何は）〜どうした」という関係が２つ以上ある、複雑な構造の文では、構造のくぎりとなるところに読点を打ちます。
　　　　　　＊　　　　　　　＊　　　　　　　＊

【問題 27】次の文に読点を2つ打って、間（ま）のある感じを強調するようにしてください。
○ドンドンドンという太鼓を打つ大きな音が鳴り響きました。
○チュンチュンチュンというスズメのさえずりが聞こえてきました。

＊

＜答＞
○ドン、ドン、ドンという太鼓を打つ大きな音が鳴り響きました。
○チュン、チュン、チュンというスズメのさえずりが聞こえてきました。
メモ：間（ま）のある感じを強調するときは、読点を打ちます。

＊　　　　＊　　　　＊

いかがでしたでしょうか。読点の打ち方に関していろんな問題をだしましたが、読点の打ち方については、悩ましいところがあるのも確かです。

たとえば、問題 16 でいうと、答には「ジェットコースターに乗りました。さらに、蒸気船にも乗りました。」という読点を打った文が示してあります。しかし、この場合、「ジェットコースターに乗りました。さらに蒸気船にも乗りました。」という読点が打ってない問題文は、間違っているわけではないし、意味も通じます。

あるいはまた、問題 23 でいうと、答には「ここ数年来、観客動員数はわずかずつ増えてきています。」という読点を打った文が示してあります。しかし、この場合も、「ここ数年来観客動員数はわずかずつ増えてきています。」という読点が打ってない問題文でも間違っているわけではないし、意味も通じます。

したがって、先のさまざまな問題の答に続く「メモ」の中でいろいろ説明したことについては、読点を打つときのおおまかな目安を示したもの、と受け取ってください。前にもいいましたが、結局のところは、「読み間違いや誤解が生じないように／意味がわかりやすくなるように／ことばのつながり具合、いわば文脈がよくなるように」などというようなことを考えて、ケースバイケースで読点を打つかどうかの判断をすることになります。

§2　ほどほどの長さの文にする

●詰めこみすぎないように

　ひとつの文の中で、ものごとを長々と説明したり、あるいはまた延々と語句をつないでいったりすれば、当然、文が長くなっていきます。しかし、文が長くなってくると、どうでしょうか。文の構造も複雑になってきて、意味がわかりにくくなってしまった、というようなことも生じかねません。

　それに、日本語の文では、「主語が最初のほうにきて、その主語に対応する述語が最後のほうにくる」ということが多いため、文が長ければ、読んでいく途中で「はて、主語はなんだったのかな」ということにもなりかねません。もちろん、文脈がスムーズで、問題なく理解できるような文であれば、少しぐらい長くてもかまいませんが、一般的には、文は短いほうが読みやすく、わかりやすくなります。いわゆる"ほどほどの長さの文"というものがいいわけです。

　ちなみに、主語と述語ですが、「何が（何は）〜どうした」という関係があった場合、「何が（何は）」にあたることばが主語で、「どうした」にあたることばが述語です。主語と述語は対応関係にあります。

　なお、主語に似たものとして、主題というものがあります。一例をあげると、「チケットは、すでに購入しました。」という文の中の「チケットは」ということばが主題です。主題としては、「〜は」というかたちのものが多いものの、そのほかにも「〜だって」や「〜も」など、いろんなかたちのものがあります。ちょっとややこしいですが、いわば「主題は主語の"兄弟"のようなもの」と考えておいても、差し支えありません。当然、主題と述語も対応関係にあります。以下、本書では、主語ということばには主題を含むものとします。

　それでは、ここで問題です。よく考えて、取り組んでみてください。

　　　　　　＊　　　　　　＊　　　　　　＊

【問題28】次の文章は、非常に長いひとつの文からなっています。いくつかの文からなる文章に書き替えて、もっと読みやすく、わかりやすくしてくだ

さい。書き替えに際しては、部分的にことばづかいを変えてもかまいません。

○マレーシアのペナンは、マレー半島の北西部、インド洋に浮かぶ美しい島で、"東洋の真珠"とも呼ばれており、ヤシの葉が揺れる白浜がどこまでも続き、ときには透き通りときにはエメラルドグリーンに輝く遠浅の海から、陽光をあびながらおだやかな白波が寄せては返すその美しいさまはまさに海の楽園といえ、訪れる人の心をどこまでもなごませてくれるし、それにイギリスの東インド会社（17世紀〜19世紀半ばにかけてアジア貿易の仕事に従事しました）の貿易基地として栄えた当時の面影をいまも街角のあちこちに残していて、島の中心をなすジョージタウンやその周辺にはコロニアル様式（17世紀〜18世紀にヨーロッパ諸国の植民地で発達した建築様式で、装飾がシンプルで実用的という特徴をもっています）の建造物や極彩色の寺院が数多くあって見どころが実に豊富な上、新鮮な魚介類を食べさせてくれるレストランもたくさんあり、一度は訪れてみたいところです。

*

＜答の一例＞

○マレーシアのペナンは、マレー半島の北西部、インド洋に浮かぶ美しい島で、"東洋の真珠"とも呼ばれています。ヤシの葉が揺れる白浜がどこまでも続いていて、ときには透き通り、ときにはエメラルドグリーンに輝く遠浅の海から、陽光をあびながらおだやかな白波が寄せては返す、その美しいさま。それはまさに海の楽園といえ、訪れる人の心をどこまでもなごませてくれます。それに、イギリスの東インド会社（17世紀〜19世紀半ばにかけてアジア貿易の仕事に従事しました）の貿易基地として栄えた当時の面影が、いまも街角のあちこちに残されています。

　たとえば、島の中心をなすジョージタウンやその周辺には、コロニアル様式（17世紀〜18世紀にヨーロッパ諸国の植民地で発達した建築様式で、装飾がシンプルで実用的という特徴をもっています）の建造物や極彩色の寺院が数多く見られるのです。見どころが実に豊富であるといえるでしょう。新鮮な魚介類を食べさせてくれるレストランもたくさんありますし、一度は訪れてみたいところです。

メモ：いろいろなことがらを詰めこんだ長い文は、読みにくいだけでなく、

意味もわかりにくいものになりがちです。したがって、短めに、適当な長さのところでくぎって、一つひとつの文を書いていくのがいいわけです。

　　　　　　　＊　　　　　　　＊　　　　　　　＊

　いかがでしたでしょうか。「文というものは、ほどほどの長さのものが好ましい」ということが、おわかりいただけたのではないでしょうか。

● 120～130 文字くらいまでの長さで

　それでは、どれくらいの長さの文が適当かというと、一般的には 50 文字くらいまでの文にとどめておくのがいいといわれているようです。とはいうものの、それも明確な決まりというわけではありません。

　実際のところを考えてみた場合は、どうでしょうか。100 文字くらいを超えた文になると、文字数が増えるにつれて読みにくくなることは間違いのないところです。したがって、文の長さとしては、120～130 文字くらいまでを目安にするのがいいでしょう。

　もちろん、文章を作成するときには、状況によっては「200 文字を超えるような長い文を書かざるを得ない」ことも生じてきます。しかし、200 文字を超えるような長い文がたまにでてくるのはともかくとして、いくつも続いていた場合は、どうでしょうか。読者にとっては、文章を読むのがいやになってくるというか、文章を読む気がなくなってくることにもなりかねません。そういったことを考えると、長くなることが避けられないときでも、文の長さとしては 150～160 文字くらいまでにとどめておくのがいいでしょう。いろいろ書き方をくふうすれば、文の長さはうまく調節できるものです。

§3 おさまりのよい段落にする

●段落はひとくぎりの文の集合体
　文章を読んでいくと、ところどころで改行されていることに気がつくのではないでしょうか。一般に、あるひとつの改行からその次の改行までのひとくぎりの文の集合体のことを段落と呼んでいます。「ある意味をもったまとまりごとに文章をくぎったものが段落である」といういい方もできますが、段落はパラグラフともいわれます。
　文章を読むときの集中力というものを考えてみた場合、普通の人であれば、そう長くは続かないものです。したがって、ある程度の分量のところでくぎって段落を設けるというのは、理にかなったことといえるでしょう。なぜなら、段落があると、読者はそこでちょっとした息抜きができるからです。
　段落の始まりの部分では、1文字分の空白を設けて書き始めることになっています。そして、ひとつの段落が終われば、行を改めて、つまり改行して次の段落に移ることになります。一般的には、段落の最初のところに1文字分の空白があると、視覚の面からも、説明の場面が変わるというようなことを読者にはっきり認識させる効果がでてきます。
　したがって、段落が設けてあると、当然のことながら文章が読みやすくなります。ただし、パンフレットなどにおいては、レイアウトデザインの方針によって、段落の始まりの部分に1文字分の空白を設けない書き方がされるときもあります。

●段落を設ける目的について
　ところで、いろんな文章を注意深く読むと、ひとつの段落を受けて次の段落があり、そしてその段落を受けてまた次の段落がある、というような構成になっていることに気がつくはずです。こういった段落は、どのような目的で設けてあるのでしょうか。一般に、文章の中で段落を設ける目的としては、
●説明することがらを変えるため、
●説明する視点を変えるため、

§3 おさまりのよい段落にする

- 説明を新しい段階に移すため、
- 特定のことがらを強調するため、
- 関連性のない前後の2つの段落をつなぐという橋渡しのため、
- 文章の書きはじめの部分を明確にするため、
- 全体の文章の結びを明確にするため、

などというように、いろんなことがあげられます。しかし、目的がなんであっても、文章の中では前後の段落のつながりをよくしておくことが大切です。

●分量は10行程度までを目安にして

　次に、段落の分量について説明しますが、最初に問題をだすことにしましょう。読みやすさに及ぼす段落の分量の影響というようなものが理解できますから、よく考えて、問題に取り組んでみてください。

　　　　　　　＊　　　　　　　＊　　　　　　　＊

【問題29】次の文章はひとつの段落からなっています。段落を増やした文章に書き替えて、読みやすくしてください。

○のんびりと、散歩にでかけましょう。さまざまな風景を眺めながら歩くと、ストレスも解消され、驚くほど気分転換をすることができます。散歩にでかけるときは、歩きやすい軽装がおすすめです。デジカメ（デジタルカメラ）をもっていくのもいいですね。歩きながら、気に入ったシーンに出合ったときに、パチリと写真におさめるのです。この際、写真のじょうず、へたは関係ありません。気持よさそうにひなたぼっこをしているネコ。耳をピンと立てて留守番をしているイヌ。どっしりとした門構えの洋風の邸宅。端正に刈りこまれた生垣。色とりどりのきれいな花が咲き乱れたおしゃれな庭。風にそよぐ名も知らないさまざまな野草。そして、広がる青空と流れる白い雲…。散歩をしていると、本当にいろいろなものが目に飛びこんできます。散歩をしていていいと思うのは、なんといっても、外の空気を吸うことで心もからだもリラックスできるということです。心とからだがリラックスすれば、また新鮮な気持で、いろいろものごとを見つめることができるようになります。気負う必要もなく、手軽にできる散歩。ぜひ楽しみたいものです。

＊

＜答の一例＞
○のんびりと、散歩にでかけましょう。さまざまな風景を眺めながら歩くと、ストレスも解消され、驚くほど気分転換をすることができます。散歩にでかけるときは、歩きやすい軽装がおすすめです。デジカメ（デジタルカメラ）をもっていくのもいいですね。歩きながら、気に入ったシーンに出合ったときに、パチリと写真におさめるのです。この際、写真のじょうず、へたは関係ありません。

　気持よさそうにひなたぼっこをしているネコ。耳をピンと立てて留守番をしているイヌ。どっしりとした門構えの洋風の邸宅。端正に刈りこまれた生垣。色とりどりのきれいな花が咲き乱れたおしゃれな庭。風にそよぐ名も知らないさまざまな野草。そして、広がる青空と流れる白い雲…。散歩をしていると、本当にいろいろなものが目に飛びこんできます。

　散歩をしていていいと思うのは、なんといっても、外の空気を吸うことで心もからだもリラックスできるということです。心とからだがリラックスすれば、また新鮮な気持で、いろいろものごとを見つめることができるようになります。気負う必要もなく、手軽にできる散歩。ぜひ楽しみたいものです。

　　　　　＊　　　　　　＊　　　　　　＊

いかがでしたでしょうか。ひとつの段落からなる問題の文章に比べると、答の一例として示した文章、つまり３つの段落にわけてまとめ直した文章のほうがはるかに読みやすいのは、いうまでもありません。

　それでは、段落の分量、すなわち段落を構成する文字数としてはどれくらいが適当なのでしょうか。

　これについては明確に決まっているようなことはありませんが、一般には、200〜300文字くらいまでにするのがよく、文字数を多くせざるを得ないようなときでも400文字くらいが限度ではないか、といわれているようです。しかし、トータルの文字数もさることながら、段落の分量については、印刷物の紙面（あるいは誌面）のレイアウトにも配慮して考える必要があります。

　たとえば、よこ書きの情報誌において、２つのブロックからなる２段組み

のレイアウトで各ブロックの1行あたりの文字数が28文字になっているページと、4つのブロックからなる4段組みのレイアウトで各ブロックの1行あたりの文字数が12文字になっているページがあったとします。それぞれのページに300文字の分量の段落をあてはめると、前者では11行ですから、まあまあといえます。しかし、後者では25行です。改行なしで、これだけの分量の文字が続くと、どうしても読みにくさというか、読むときに抵抗感というようなものがでてきてしまいます。

したがって、段落の分量に対しては、トータルの文字数というよりも、むしろ、作成した文章が掲載される印刷物の紙面(あるいは誌面)のレイアウトのほうを優先して考えるほうがいいのではないでしょうか。そういった観点からすれば、読みやすい段落の分量としては、通常、10行程度までがひとつの目安になります。

作成した文章の文字数が多く、それぞれの段落の分量をすべて10行程度までにすると、割り当てられている印刷物のページ数に文章がおさまりきらないような場合は、段落の分量を増やすことを考えるにしても、15〜16行程度までにとどめておくのが無難でしょう。それ以上の行数で、たとえば20行を超えるような段落がいくつも続くと、確実に読みにくくなってしまいます。

このようなことを考えれば、作成した文章の文字数が多すぎた場合は、改行を減らす、つまり一つひとつの段落を構成する文字数を増やすというのではなく、文章を見直して全体の文字数を減らすようにするのが好ましい、ということになります。

●少ない分量で続けることのないように

さて、文章の中では、話題を変えたり、くぎりをつけたりすることなどを目的とした段落があって、その段落がひとつの文からなっている、というようなこともあります。その場合、文が短ければ、当然のこととして、1行からなる段落もでてきますが、そういった1行からなる段落をいくつも続けるようなことは、しないほうがいいでしょう。なぜなら、段落の始まりの部分では1文字分の空白をあけるため、分量が1行の段落をいくつも続けると、行頭に1文字分の空白のある行がいくつも続いてしまうことになり、みばえ

がいいものではなくなってしまうからです。

　それでは、ひとつの文からなる段落が1行ではなく、2行とか3行とかになっていたとしたら、どうでしょうか。この場合は、そういった段落を続けると、みばえは問題ないものの、こま切れの感じとか落ち着きのない印象とかいうようなものを与えてしまいます。同様に、2つ以上の文からなっているとしても、2行とか3行とかで終わっている段落をいくつも続けると、やはりこま切れの感じとか落ち着きのない印象とかいうようなものを与えてしまいます。したがって、2行とか3行とかいった分量の少ない段落をいくつも続けるようなことも、しないほうがいいでしょう。

　いろいろ考えると、結局のところは、文章を作成するときにはいろんな分量の段落を組み合わせておくのが好ましい、ということになります。

　それから、細かい話になりますが、1行あたりの文字数が少ないレイアウトでは、長い文をいくつも続けると、ひとつの文からなる段落がいくつも続いてしまうことにもなりかねません。したがって、そういったレイアウトの場合には、文の長さにも配慮しながら文章を作成することが望まれます。

●中心文の位置は状況に合わせて

　今度は、中心文について説明します。ある段落の中心になっている文とか、ある段落の中の話題を表している文、ある段落がどういうことについて述べているかを表している文、そういったものを中心文と呼んでいます。別ないい方をすれば、トピックセンテンスです。それでは、中心文に関する問題をだしますので、少しむずかしいかもしれませんが、取り組んでみてください。

＊　　　　　＊　　　　　＊

【問題30】「私の大好きな美術館は、オルセー美術館である」ということを述べた文を中心文とし、次の要素も入れて、中心文の位置が異なる段落を3種類、作成してください。なお、段落の文章は、「です」や「ます」などのていねいなことばで終わる文体のものにしてください。
○オルセー美術館は、フランスのパリの中心部、セーヌ川のすぐそばにある。
○同美術館には、19世紀後半から20世紀初頭の重要な絵画、中でもモネやセザンヌ、ルノアールなどといった印象派画家の作品が多く収蔵されている。

○同美術館は、美術館としてはちょっと変わったかたちをしている。それは、歴史的な建造物であった旧オルセー駅舎（ホテルを兼ねていた）を改装し、美術館として再生させたからである。
○同美術館では、絵画を見るのに疲れたら、テラスにでてセーヌ川の流れやパリ市街の景色を眺めたり、カフェでお茶を飲んだりすることもできる。

＊

＜答の一例＞
○中心文がはじめにある段落（中心文：下線を引いた文）
　<u>私の大好きな美術館は、オルセー美術館です。</u>フランスのパリの中心部、セーヌ川のすぐそばにあります。オルセー美術館には、19世紀後半から20世紀初頭の重要な絵画、中でもモネやセザンヌ、ルノアールなどといった印象派画家の作品が多く収蔵されています。美術館としてはちょっと変わったかたちをしていますが、これは歴史的な建造物であった旧オルセー駅舎（ホテルを兼ねていました）を改装して、美術館に再生させたからです。絵画を見るのに疲れたら、テラスにでてセーヌ川の流れやパリ市街の景色を眺めたり、カフェでお茶を飲んだりすることもできます。
○中心文が真ん中にある段落（中心文：下線を引いた文）
　フランスのパリの中心部、セーヌ川のすぐそばに、19世紀後半から20世紀初頭の重要な絵画、中でもモネやセザンヌ、ルノアールなどといった印象派画家の作品を多く収蔵する美術館があります。<u>私の大好きな美術館、オルセー美術館です。</u>美術館としてはちょっと変わったかたちをしていますが、これは歴史的な建造物であった旧オルセー駅舎（ホテルを兼ねていました）を改装して、美術館に再生させたからです。絵画を見るのに疲れたら、テラスにでてセーヌ川の流れやパリ市街の景色を眺めたり、カフェでお茶を飲んだりすることもできます。
○中心文が終わりにある段落（中心文：下線を引いた文）
　フランスのパリの中心部、セーヌ川のすぐそばに、19世紀後半から20世紀初頭の重要な絵画、中でもモネやセザンヌ、ルノアールなどといった印象派画家の作品を多く収蔵する美術館があります。美術館としてはちょっと変わったかたちをしていますが、これは歴史的な建造物であった旧オルセー駅舎

（ホテルを兼ねていました）を改装して、美術館に再生させたからです。絵画を見るのに疲れたら、テラスにでてセーヌ川の流れやパリ市街の景色を眺めたり、カフェでお茶を飲んだりすることもできます。<u>かくもすてきな美術館、それは私の大好きなオルセー美術館です。</u>

　　　　　　　　＊　　　　　　＊　　　　　　＊

　いかがでしたでしょうか。中心文の位置としては、一般的には段落のはじめにもってくるのがいちばんいいといわれています。これは、段落のはじめに中心文が書いてあると、読者はそれを読むことによって、その段落で「どういうことが述べられているか」ということをすぐに理解できるからです。

　しかし、どうでしょうか。いつも段落のはじめに中心文をもってくるというような書き方は、文章全体を通じてできるわけではありません。それに、中心文がはじめに書いてある段落が続くと、全体が単調になってしまうし、なによりも、前の段落とのつながりを表す文をはじめに書いたほうがいいときもよくあります。

　したがって、そういったことなども考えると、中心文の位置としては問題30からもわかるように、段落のはじめと真ん中、そして終わりの3か所が考えられるわけですから、いつも段落のはじめに中心文をもってくるというよりは、そのときそのときの状況に合わせて"臨機応変に"中心文の位置を決めるのがいいのではないでしょうか。

　以上に、中心文についていろいろ説明してきましたが、中心文のない段落もあります。たとえば、単に前後の段落をつなぐという、つまり橋渡しのためだけの段落では、中心文が含まれていないことが多くあります。そのほか、ものごとの順序を説明したり、ものごとについて特徴などを列記して説明したり、製品の製造プロセスを説明したりしているような段落でも、同様です。あるテーマについて書かれた文章の中で、すべての段落が明確な中心文をもっているわけではないのです。

　それから、段落の構成を考えてみると、段落の中には、中心文のほかにも、前の段落とのつながりを表す文とか、中心文で述べたことをさらに発展させて説明するような文、中心文で述べたことを補足説明するような文、中心文に読み手を誘導するような文など、いくつかの文が入っているのが一般的で

す。したがって、段落の中では、そういったいくつかの文のつながり、いわゆる文脈をよくしておくことが大切になります。

●**必要に応じてみばえに配慮した手直しも**

さて、情報誌にしても単行本にしても、原稿をもとにして印刷物をつくる場合ですが、句読点や会話の部分をくくっているかぎかっこの後ろのものなどは、行頭、つまり行のはじめにはもってきてはいけないことになっています。したがって、段落の最後の行が句点だけになるというようなことはありません。最後の行が句点だけになってしまうというような場合には、通常は前の行の中で文字間隔を調整して、最後の行の句点を前の行に組み入れる、という処理がなされます。

また、文字間隔の調整という点では、句読点やかっこなどがたくさんある行の場合、句読点やかっこなどにもそれぞれ全角、つまり1文字分のスペースを使うと文字がばらけた感じになってしまうので、そういったことを避けるために、句読点やかっこなどの部分が半角、つまり1文字分のスペースの半分の幅で処理されるケースがあります。これは印刷物のレイアウトデザインの方針によるわけですが、そういった処理がなされた結果として、段落の最後の行の文字数が原稿の段階では2文字以上（句点を含めれば3文字以上）になっていたとしても、印刷のために文字を組んだ段階では1文字（句点を含めれば2文字）になってしまうときがあります。

しかし、そういった状態は、あまりみばえがいいものではありません。したがって、そうなった場合には、原稿をもとにして印刷物をつくるときの文字校正の段階で、手直しをするといいでしょう。つまり、段落の中のことばづかいをくふうして、段落の中の最後の行の文字数が2文字以上（句点を含めれば3文字以上）になるように調整するわけです。レイアウトデザイン上、1行少なくなってもいいというのであれば、段落の中の1文字（句点を含めれば2文字）しかない最後の行がなくなるように、ことばづかいを変えて段落の分量を1行分、少なくするという手直しをしてもかまいません。

もっとも、こういったことは書き手の好みに近い問題ともいえるので、特に気にならないというのであれば、手直しをする必要はありません。

§4 「〜が」や「〜は」という主語を適切に使う

●主語の使い方にはくふうを

　文の主語〔「何が（何は）〜どうした」という関係の中の「何が（何）」にあたることば〕としては、「〜が」や「〜は」で表されるものが多く使われます。しかしながら、「〜が」や「〜は」という主語がひとつしかない文では大きな問題はないものの、2つ以上ある文では使い方がよくないと、意味がわかりにくくなることもあるため、そういった主語を使うときは、意味がよくわかるような使い方をすることが大切になってきます。一例として、主語の使い方の問題をだしますので、取り組んでみてください。

　　　　　　　＊　　　　　＊　　　　　＊

【問題31】次の文には主語がいくつも含まれているので、意味がわかりにくいところもあります。もっと意味がわかりやすい文に書き替えてください。
○今年の夏は猛烈な暑さは続くことはないだろうという予測があたることはないという、楽観的考えはもてないことがよくわかったことは確かです。
○サクランボ狩りができる農園が紹介されている記事が載っている新聞がありました。

　　　　　　　　　　　＊

＜答の一例＞
○今年の夏は猛烈な暑さは続かないだろうという予測があたらないという、楽観的考えをもてないことがよくわかったのは確かです。
○サクランボ狩りができる農園の紹介記事を掲載した新聞がありました。
メモ：表現をくふうして、文中の主語の数をできるだけ少なくすれば、意味をわかりやすくすることができます。

　　　　　　　＊　　　　　＊　　　　　＊

　いかがでしたでしょうか。問題31からもわかるように、「〜が」や「〜は」という主語がひとつの文の中にいくつもあると、よく考えて読まなければ意味がすぐには理解できないというようなこともでてきます。したがって、そういった文に対しては、くふうをこらして書き方を変えるということも考え

なければなりません。なぜなら、「読んだときに、読者ができるだけ早く意味を理解できるような文章」にしておくことが好ましいからです。

それでは、具体的にはどのようにすればいいのかということになりますが、たとえば次に示すようなくふうの仕方が考えられます。
- 文の中に「～が」という主語が2つあれば、ひとつに減らすか、片方を「～は」という表現のものに変える。
- 文の中に「～が」という主語が3つあれば、2つに減らす。
- 文の中に「～は」という主語が2つあれば、ひとつに減らすか、片方を「～が」という表現のものに変える。
- 文の中に「～は」という主語が3つあれば、2つに減らす。
- 文の中に「～が」という主語と「～は」という主語の両方があって、しかも意味がわかりにくいのであれば、どちらかを使わないようにする。
- 「～が」や「～は」という主語を含む一部分のことばを符号でくくる（114～116ページ参照）。
- ひとつの文で書いてあれば、構成を変えて2つの文で書くようにする。

ただし、このようなくふうの仕方は、状況に応じて取り入れるようにしてください。一例をあげますが、「～が」という主語がひとつの文の中に2つあったとしても、意味がよくわかるのであれば、わざわざひとつに減らしたり、片方を「～は」という表現のものに変えたりする必要はありません。あくまでも、ケースバイケースで判断してください。

●ときには主語を省略して

それから、「～が」や「～は」という主語の数を減らすというよりは、使うのを省略してしまうということも、考えられないことではありません。主語をはっきりさせておくことは大切ですが、そうかといって、そのために同じ主語を繰り返して使うと、読者のほうはどうしても、文章を読んだときにわずらわしさを感じてしまう、ということがあります。したがって、意味がはっきりわかるのであれば、そういったわずらわしさをなくすためにも、主語を省略してもかまわないわけです。一例として、問題をひとつだしますので、取り組んでみてください。

＊　　　　　　＊　　　　　　＊

【問題32】次の文章ですが、すべての文に「文化祭は」という主語が使われているので、わずらわしさを感じます。読んでもわずらわしさを感じない文章に書き替えてください。

○文化祭は、今年も11月に開催されます。文化祭は、20年近くも続いている学校の大切な行事です。この文化祭は、数年前、存亡の危機に見舞われたことがあります。このため、文化祭は内容など、あらゆる面で見直しをはかることになりました。そして、文化祭は準備の仕方も含め、すべてをがらっと変えて再出発したのです。結果として、文化祭は存続の意義を大きく高めることとなりました。というのは、文化祭は共同作業を進める上で、大きな教育効果を生みだす行事に生まれ変わったからです。

　　　　　　　　　　＊

＜答の一例＞

○<u>文化祭は</u>、今年も11月に開催されます。20年近くも続いている学校の大切な行事です。この<u>文化祭は</u>、数年前、存亡の危機に見舞われたことがあります。このため、内容など、あらゆる面で見直しをはかることになり、準備の仕方も含めて、すべてをがらっと変えて再出発したのです。結果として、<u>文化祭は</u>存続の意義を大きく高めることとなりました。というのは、共同作業を進める上で、大きな教育効果を生みだす行事に生まれ変わったからです。

メモ：主語を省略した文も組み合わせて、同じ主語が続けてでてこないようにすれば、読んだときのわずらわしい感じをなくすことができます。

　　　　＊　　　　　　＊　　　　　　＊

●主語の後ろの読点にも注意を

　ところで、上に示した問題32で主語の部分に注目すると、「文化祭は、」という書き方と「文化祭は」という書き方の両方があることがわかります。後ろに読点があってもなくても、「文化祭は」ということばが主語であることに変わりはありませんが、「～が」や「～は」の後ろに読点がある場合は、主語であることをより強く読者に認識させるようです。したがって、主語の後

§4 「〜が」や「〜は」という主語を適切に使う

ろに読点を打つ場合は、多少、注意することが必要になってきます。

　それでは、どのような点に注意すればいいのかということですが、次の問題に取り組みながら、よく考えてみてください。

　　　　　　＊　　　　　　＊　　　　　　＊

【問題33】次の文は、すべての主語の後ろに読点が打ってあるため、意味を理解する上では、多少、とまどいを感じます。読点の打ち方を変えて、もっとスムーズに意味が理解できる文に書き替えてください。
○それが、きのう借りてきた本で、これが、きょう借りてきた本です。
○小雨が、降ってきたものの、野菜の即売会は、予定どおり実施されました。

　　　　　　　　　　　　　＊

＜答の一例＞
○<u>それが</u>きのう借りてきた本で、<u>これが</u>きょう借りてきた本です。
○<u>小雨が</u>降ってきたものの、野菜の<u>即売会は、</u>予定どおり実施されました。

　　　　　　＊　　　　　　＊　　　　　　＊

　いかがでしたでしょうか。問題33の文では、読点のついた「〜が、」や「〜は、」ということばが合わせて2つ使われているので、「ひとつの文の中に主語が2つもある。どちらが本当の主語なんだろう」と、一瞬、とまどってしまう読者がでてくることも考えられます。もちろん、じっくり読めば意味は理解できるので、書き方が間違っているわけではありませんが、それでもやはり答の一例として示した文のようにしておくのがいいでしょう。

　つまり、「〜が」や「〜は」という主語がひとつの文の中に合わせて2つあるときは、どちらの主語の後ろにも読点を打たないか、あるいは片方の主語の後ろだけに読点を打つようにすると、読んだときのとまどいが多少は軽減され、よりスムーズに意味を理解することができるようになるわけです。もっとも、答の一例として示した文でも主語が2つあることに変わりはありませんから、これには「感覚的なものが影響している」ものと考えられます。

　なお、「〜が」や「〜は」という主語がひとつの文の中に合わせて2つあるときに、片方の主語の後ろだけに読点を打つ場合、どちらの主語の後ろに読点を打てばいいのかということですが、これについては一概にはいえないところがあるため、ケースバイケースで判断することになります。

§5 表現をやわらかくする

● 口語調の表現を基本にして

　いわゆる表現がやわらかい文章と表現がかたい文章を比べてみた場合、当然のことながら、表現がやわらかい文章のほうが読みやすいといえます。したがって、文章を作成する上では、「やわらかい表現に心がける」ということが大切になってきます。

　さて、口語と文語ということばがありますが、現代の話しことばを基準にしたことばが口語です。そして、口語が確立した以前のことば、特に平安時代（794〜1185年）のことばを基礎として発達した独特のことばが文語です。いわば、「口語は現代語、文語は古典語」ということができます。

　口語と文語とでは、いうまでもなく文語のほうがかたい印象を与えます。したがって、表現がやわらかい文章にまとめるためには、文語調ではなく、口語調の表現を基本にしなければなりません。それでは、文語調と口語調の表現に関連した問題を2つだしますので、取り組んでみてください。

　　　　　　＊　　　　　　　＊　　　　　　　＊

【問題34】次の文語調の表現に対応する口語調の表現を答えてください。
○しからば　　○かように　　○かくして　　○なにゆえ
○いかなる　　○いかに　　　○〜にて　　　○〜すべく
○〜のごとき　○〜せぬ　　　○〜せねば　　○〜ならぬ

　　　　　　　　　　　　　＊

＜答の一例＝（　）の中が文語調の表現に対応する口語調の表現＞
○しからば（それなら、それでは）
○いかなる（どのような、どんな）
○〜のごとき（〜のような）
○かように（このように）
○いかに（どのように）
○〜せぬ（〜しない）
○かくして（こうして）

§5 表現をやわらかくする

○〜にて（〜で）
○〜せねば（〜しなければ）
○なにゆえ（なぜ、どういうわけで）
○〜すべく（〜するため）
○〜ならぬ（〜ならない）

　　　　　＊　　　　　＊　　　　　＊

【問題35】次の文には、文語調の表現が使われています。これを口語調の表現の文に書き替えてください。
○それは、やむを得ぬことではないでしょうか。
○新しい時代がまさに開かれんとしていました。

　　　　　　　　　　＊

＜答の一例＞
○それは、<u>やむを得ない</u>ことではないでしょうか。
○新しい時代がまさに<u>開かれよう</u>としていました。

　　　　　＊　　　　　＊　　　　　＊

　いかがでしたでしょうか。口語調の表現がやわらかい印象を与えるのに対して、文語調の表現はかたい印象を与えてしまうということがおわかりいただけたはずです。文語調の表現については、あえてかたい印象を与えたいという場合など、状況に応じてときどき使うのはかまいませんが、口語調の表現を基本にして、あまり多用しないほうがいいでしょう。

●平易なことばで
　それから、文語調と口語調ということもありますが、表現がやわらかい文章にまとめるためには、そもそも平易なことばを使うことが大切です。というのは、同じことを説明するにしても、平易なことばではなく、むずかしいことばを使って説明すると、堅苦しいところがでてきて、読みにくくなってしまうからです。それでは、ここで問題をだすことにします。

　　　　　＊　　　　　＊　　　　　＊

【問題36】次の文は、むずかしいことばを使っているので、堅苦しいところがあり、したがって読みにくいものとなっています。堅苦しいところがない、

§5　表現をやわらかくする

もっと読みやすい文に書き替えてください。
○心ならずも、聴従してしまいました。
○海外旅行の安全性に関して、スポット情報を発出することを検討中です。

＊

＜答の一例＞
○心ならずも、<u>命令に従って</u>しまいました。
○海外旅行の安全性に関して、スポット情報を<u>だす</u>ことを検討中です。

＊　　　　　＊　　　　　＊

　いかがでしたでしょうか。読みやすさに及ぼすむずかしいことばと平易なことばの影響の違いというようなものが、おわかりいただけたのではないでしょうか。
　次に、必ずしもむずかしいことばというわけではありませんが、似たようなものとして、もうひとつ、注意してほしいことばというか、語句があります。一般に、日本語の場合、漢字をいくつも続けて長い語句（長い熟語）をつくることができます。しかし、そういった語句を使うと、どうでしょうか。堅苦しいところがでてきて、読みにくくなるだけでなく、意味も理解しにくくなってしまいます。したがって、読みやすく、意味も理解しやすくするためには、漢字がいくつも続く長い語句を使わないほうがいいでしょう。こういう点に気をつけることもまた、やわらかい表現の文章にまとめるためのポイントのひとつになります。次の問題に取り組んでいただければ、よくわかるのではないでしょうか。

＊　　　　　＊　　　　　＊

【問題37】次の文は、漢字がいくつも続く長い語句を使っているので、堅苦しいところがあり、したがって読みにくいものとなっています。堅苦しいところがない、もっと読みやすい文に書き替えてください。
○長距離列車発車時刻変更案内がだされました。
○地球温暖化調査結果関連説明会が開かれました。

＊

＜答の一例＞
○<u>長距離列車の発車時刻を変更する案内</u>がだされました。

○地球の温暖化の調査結果に関連した説明会が開かれました。

＊　　　　　＊　　　　　＊

● ことばの意味についても説明を

　文章を作成する場合には、ときとして「文章の流れにあわせるためにも、むずかしいことばを使わざるを得ない」というような場面がでてくることも考えられます。そういった場面では、むずかしいことばを使った上で、そのことばの意味も説明しておくのがいいでしょう。そうすれば、読者は読みながら意味を理解することができるので、やわらかい表現を使って読みやすくするのと同じような効果がでてきます。

　それに、ことばの意味を説明しておくということでは、専門用語を使うときも同様です。ただし、この場合の専門用語に対する意味の説明は、その専門用語を文章の中で最初に使うときだけにすればよく、2回目に使うときからはする必要はありません。

　それでは、次に問題を2つだしますので、取り組んでみてください。

＊　　　　　＊　　　　　＊

【問題38】次の文は問題36の文と同じものですが、これを「聴従」・「発出」ということばを残したまま、読みやすい文に書き替えてください。
○心ならずも、聴従してしまいました。
○海外旅行の安全性に関して、スポット情報を発出することを検討中です。

＊

＜答の一例＞
○心ならずも、聴従、つまり命令に従ってしまいました。
○海外旅行の安全性に関して、スポット情報を発出すること、つまりスポット情報をだすことを検討中です。

＊　　　　　＊　　　　　＊

【問題39】次の文には、「GPS」・「スプラウト」という専門用語が使われています。これらの専門用語を使った上で、意味がよく理解できる文に書き替えてください。
○カーナビ（カーナビゲーションシステム）では、走行中の自動車の現在位置

を割りだすのに、GPSを利用しています。
○近年、成熟した野菜よりはるかに多くの栄養素を含むスプラウトが注目を集めるようになってきました。

＊

＜答の一例＞
○カーナビ（カーナビゲーションシステム）では、走行中の自動車の現在位置を割りだすのに、<u>GPS (Global Positioning System、全地球測位システム＝人工衛星から送られてくる電波を利用して、自分が地球上のどこにいるのかを正確に割りだすシステム)</u> を利用しています。
○近年、成熟した野菜よりはるかに多くの栄養素を含む<u>スプラウト―新芽野菜とか発芽野菜とかいわれるもののことで、もともとは植物の新芽を意味することば―</u>が注目を集めるようになってきました。
メモ：専門用語としてアルファベットで書いた略語を使うときは、英語の正式なつづりと日本語の訳も併記します。

＊　　　　＊　　　　＊

●場合によっては二重否定の表現を使って

　それから、平易なことばというわけではありませんが、ある意味ではこれも一種のやわらかい表現といえるものがありますから、少し説明しておきます。それはどういうものかというと、二重否定の表現です。
　二重否定の表現は、いわゆる「～ないこともないのです」とか「～ないこともありません」などというような表現ですが、否定の否定、つまりいったん否定したことをもう一度、否定するわけですから、その意味するところは"肯定"ということになります。
　それでは、二重否定の表現の問題をだしますので、取り組んでみましょう。特にむずかしいということもありません。

＊　　　　＊　　　　＊

【問題40】次の文を二重否定の表現を使った文に書き替えてください。
○デジカメ（デジタルカメラ）で撮影した写真が少しぼけてしまったのは、暗くなりかけていたのにフラッシュをたかなかったからです。

§5 表現をやわらかくする

〇あのイヌが飼い主のいうことをきかないようになってしまったのは、甘やかして育てられたからといえます。

*

＜答の一例＞
〇デジカメ（デジタルカメラ）で撮影した写真が少しぼけてしまったのは、暗くなりかけていたのにフラッシュをたかなかったから<u>といえないこともないのです</u>。
〇あのイヌが飼い主のいうことをきかないようになってしまったのは、甘やかして育てられたから<u>といえなくもありません</u>。
メモ：二重否定の表現を使った文のほうが、いい方が少しおだやかというか、いい方が少し弱いというか、そういった印象を与えます。

* * *

　いかがでしたでしょうか。一般に、二重否定の表現を使うと、「はっきりとは決めつけないで、なんとなく遠回しに」といった感じがでてくるので、いい方がおだやかで少し弱い印象を与えるようです。そして、そういったことが、結果として、表現がやわらかいというようなことにもつながってくるようです。したがって、表現をやわらかくするだけでなく、そういった感じも合わせてもたせたいというようなときには、二重否定の表現を使うことを考えてもいいでしょう。

　もっとも、二重否定の表現には、多少のわかりにくさがあるというか、「どういうことなんだろう」と、一瞬、読者が考えこんでしまうようなところがあるのも確かです。したがって、二重否定の表現を使うときは、くれぐれも意味合いを間違えないようにすることが大切です。

§6　リズム感を大切にする―その1

●文の長さと段落の分量に配慮を

　文章を読むときのことですが、普通はわざわざ声をだして読むようなことをしません。黙読、つまり文字を目で追いながら黙って読む、というケースがほとんどです。しかし、そういったときでも、私たちは無意識のうちに文章の中にみられる"リズム"というようなものを感じとっています。したがって、文章にはリズム感が要求されるわけですが、このリズム感というものは、意外とおろそかにされがちです。それでは、ここでリズム感の問題です。

　　　　　　　　＊　　　　　　＊　　　　　　＊

【問題 41】次の2つの文ですが、読んだときのリズム感にすぐれているのは、どちらのほうでしょうか。
（1）きのうは、図書館へ行き本を読みました。
（2）きのうは、図書館へ行って本を読みました。

　　　　　　　　　　　　　　＊

＜答＞
○（2）のほうです。

　　　　　　　　＊　　　　　　＊　　　　　　＊

　いかがでしたでしょうか。問題 41 ですが、2つの文の間にみられるリズム感の差は、非常に大きいというわけではありません。しかし、微妙な差ではあっても、リズム感のある文章は本当に読みやすいものです。

　では、文章にリズム感をもたせるにはどのようにすればいいのかということになりますが、文の長さに気をつけるということもひとつのポイントです。

　一般に、あまりにも長い文を続けると、だらだらとした感じを与えるばかりでなく、読みにくくもなってしまいます。したがって、リズム感の点からいえば、ある程度、短い文のほうが好ましいということになります。とはいうものの、あまりにも短い文を続けると、どうでしょうか。こま切れの感じを与えてしまい、これも読みにくくなってしまいます。いろいろ考えると、結局のところは、短い文と長い文をうまく組み合わせた構成にしてリズム感

§6 リズム感を大切にする—その1

をもたせ、その結果、読みやすくするというのがいちばんいいようです。次の問題に取り組んでいただければ、よくわかるのではないでしょうか。

＊　　　　＊　　　　＊

【問題42】次の文章は、短い文だけで構成されているため、リズム感に欠けています。これをリズム感のある文章に書き替えてください。ことばづかいは、適宜、変えてもかまいません。

○4月のはじめの日曜日のこと。散歩に行きました。公園の中を歩きました。ちょうど桜の花が満開でした。とてもきれいでした。おおぜいの人が歩いていました。中には、イヌを散歩に連れてきている人もいました。ふと、空を見あげました。白い雲が浮かんでいました。1時間ほど歩きました。そして、家に戻りました。本当にのどかな日曜日でした。

＊

＜答の一例＞

○4月のはじめの日曜日のこと。散歩に行って、公園の中を歩きました。ちょうど桜の花が満開で、とてもきれいでした。おおぜいの人が歩いており、中にはイヌを散歩に連れてきている人もいました。ふと空を見あげたら、白い雲が浮かんでいました。1時間ほど歩いて家に戻ったのですが、本当にのどかな日曜日でした。

＊　　　　＊　　　　＊

いかがでしたでしょうか。問題42では文の長さを取りあげましたが、ボリュームの点では、文の長さだけでなく、段落の分量についても注意が必要です。つまり、文章にリズム感をもたせるには、長さの異なる文を組み合わせるということに加えて、分量の異なる段落を組み合わせるということもまた大切になってくるわけです。

● "ワンパターン" で続けていくことのないように

文や段落については、それらをどのようなかたちで続けていくかということに対しても、注意しなければなりません。いつも同じことばを用いて文や段落を続けていくと、読んだときに受ける感じが単調になってしまい、リズム感がでてこないということがあるからです。また、一つひとつの文の中で

考えると、語句を続けるときも同様です。いわゆる"ワンパターン"というものは、リズム感にとってはマイナス要因であるわけですが、次の3つの問題に取り組んでいただければ、よくわかるのではないでしょうか。

＊　　　　　　＊　　　　　　＊

【問題43】次の文章は、いつも同じことばを用いて文を続けているため、リズム感に欠けています。これをリズム感のある文章に書き替えてください。

○京都駅の近くのホテルをでたあとは、はじめに三十三間堂を見ました。それから、清水寺と南禅寺を見て回りました。それから、少し早目の湯どうふ料理の昼食をとり、"哲学の道"と名づけられている疎水べりの散歩道を歩いたのですが、それは本当に心が安らぐひとときでした。それから、銀閣寺と二条城を見て回りました。それから、最後に金閣寺を見にいきましたが、金色に輝くその美しさは、本当に驚きでした。

＊

＜答の一例＞

○京都駅の近くのホテルをでたあとは、はじめに三十三間堂を見ました。<u>ついで</u>、清水寺と南禅寺を見て回りました。<u>それから、</u>少し早目の湯どうふ料理の昼食をとり、"哲学の道"と名づけられている疎水べりの散歩道を歩いたのですが、それは本当に心が安らぐひとときでした。<u>"哲学の道"を歩いた後は、</u>銀閣寺と二条城を見て回りました。<u>そして、</u>最後に金閣寺を見にいきましたが、金色に輝くその美しさは、本当に驚きでした。

メモ：文を続けるときのことばに変化をもたせることで、読んだときのリズム感をだすことができます。

＊　　　　　　＊　　　　　　＊

【問題44】次の文章を構成する文は、どれも、文中で語句を続けるときに同じことばを用いています。このため、リズム感に欠けた文章となっています。これをリズム感のある文章に書き替えてください。

○東京で一日、遊んできたのですが、最初は東京タワーへ行って特別展望台で都内の眺望を楽しみ、さらに銀座へ行きました。銀座でいろいろな通りを見て回ったあと、さらに浅草へ足を延ばしました。浅草では雷門を見てから、仲見世（なかみせ）商店街の中をぶらぶら歩き、さらに浅草寺（せん

§6 リズム感を大切にする―その1

そうじ）に立ち寄りました。その後、さらに隅田川ラインの浅草発着場へ行き、お台場まで、水上バスによる隅田川めぐりの船旅を楽しみました。

　　　　　　　　　　　　　＊

＜答の一例＞
○東京で一日、遊んできたのですが、最初は東京タワーへ行って特別展望台で都内の眺望を楽しみ、<u>ついで</u>銀座へ行きました。銀座でいろいろな通りを見て回ったあと、<u>今度は</u>浅草へ足を延ばしました。浅草では雷門を見てから、仲見世（なかみせ）商店街の中をぶらぶら歩き、<u>最後に</u>浅草寺（せんそうじ）に立ち寄りました。その後、<u>さらに</u>隅田川ラインの浅草発着場へ行き、お台場まで、水上バスによる隅田川めぐりの船旅を楽しみました。
メモ：一つひとつの文の中で考えた場合は、語句を続けるときのことばにも変化をもたせる必要があります。

　　　　　＊　　　　　＊　　　　　＊

【問題45】次の文章は、いつも同じことばを用いて段落を続けているため、リズム感に欠けています。これをリズム感のある文章に書き替えてください。
○６月のある日曜日のこと。家族で話をしていて、「夏休みになったら、今年もどこかへ旅行しよう」ということになりました。夏休みを利用した家族旅行が毎年の行事になっていたのです。
　このため、旅行先をいろいろ考えたのですが、ふと、千葉県の浦安市にあるテーマパーク、東京ディズニーランドのことが頭の中に思い浮かびました。何回か、日帰りで遊びに行ったことはありますが、すぐ近くにあるリゾートホテルに泊りがけで遊びに行ったことはまだなかったのです。
　このため、一度、リゾートホテルに泊りがけで東京ディズニーランドへ遊びに行こうということになり、リゾートホテルに宿泊の予約を入れました。やがて、旅行の当日を迎えましたが、朝、起きたときからすでに心は東京ディズニーランドへ飛んでおり、胸がわくわくしてなりませんでした。
　このため、予定の時間より早めに家をでました。そして、２時間ほどで、東京ディズニーランドに到着しました。東京ディズニーランドでは、さまざまなアトラクションを存分に楽しみましたが、その日も夜の７時半からエレクトリカルパレードが行われることがわかりました。

§6 リズム感を大切にする―その1

　このため、夜まで園内にとどまって、エレクトリカルパレードも楽しんでから、リゾートホテルへ向うことにしました。やがて、時間になり、エレクトリカルパレードがはじまりました。おなじみのディズニーミュージックに乗って、まばゆい光に包まれたディズニーの仲間たちが繰り広げる幻想的なエレクトリカルパレードは、本当にすばらしいものでした。

＊

<答の一例>
○６月のある日曜日のこと。家族で話をしていて、「夏休みになったら、今年もどこかへ旅行しよう」ということになりました。夏休みを利用した家族旅行が毎年の行事になっていたのです。
　<u>さっそく、</u>旅行先をいろいろ考えたのですが、ふと、千葉県の浦安市にあるテーマパーク、東京ディズニーランドのことが頭の中に思い浮かびました。何回か、日帰りで遊びに行ったことはありますが、すぐ近くにあるリゾートホテルに泊りがけで遊びに行ったことはまだなかったのです。
　<u>それでは、</u>一度、リゾートホテルに泊りがけで東京ディズニーランドへ遊びに行こうということになり、リゾートホテルに宿泊の予約を入れました。やがて、旅行の当日を迎えましたが、朝、起きたときからすでに心は東京ディズニーランドへ飛んでおり、胸がわくわくしてなりませんでした。
　<u>このため、</u>予定の時間より早めに家をでました。そして、２時間ほどで、東京ディズニーランドに到着しました。東京ディズニーランドでは、さまざまなアトラクションを存分に楽しみましたが、その日も夜の７時半からエレクトリカルパレードが行われることがわかりました。
　<u>せっかくのことなので、</u>夜まで園内にとどまって、エレクトリカルパレードも楽しんでから、リゾートホテルへ向うことにしました。やがて、時間になり、エレクトリカルパレードがはじまりました。おなじみのディズニーミュージックに乗って、まばゆい光に包まれたディズニーの仲間たちが繰り広げる幻想的なエレクトリカルパレードは、本当にすばらしいものでした。
メモ：段落を続けるときのことばにも変化をもたせることが大切です。

＊　　　　＊　　　　＊

§6 リズム感を大切にする―その1

●文末のことばに変化をもたせて

　リズム感に対しては、語句や文、そして段落を続けていくときに用いることばだけでなく、文末のことばについても変化をもたせるということが大切になってきます。次に問題をだしますので、よく考えてみてください。

　　　　　　　＊　　　　　　　＊　　　　　　　＊

【問題46】次の文章は、いつも同じことばで終わる文からなりたっているため、リズム感に欠けています。これをリズム感のある文章に書き替えてください。ことばづかいは、適宜、変えてもかまいません。

○飛行機は着陸態勢に入り、そしてパリの玄関、シャルル・ド・ゴール空港に到着しました。ついに、フランスにやってきました。日本の成田空港を出発してから、およそ12時間半が経過していました。フランスでの旅は、ベルサイユ宮殿の観光から始まることになっていました。旅の最後には、夢にまで見た南フランスのプロバンスを訪れることができるのかと思うと、胸がわくわくしました。

　　　　　　　　　　　　　＊

＜答の一例＞

○飛行機は着陸態勢に入り、そしてパリの玄関、シャルル・ド・ゴール空港に到着しました。ついに、フランスにやってきたのです。日本の成田空港を出発してから、およそ12時間半のフライトでした。フランスでの旅は、ベルサイユ宮殿の観光から始まります。旅の最後には、夢にまで見た南フランスのプロバンスを訪れることができるのかと思うと、胸がわくわくしてなりません。

　　　　　　　＊　　　　　　　＊　　　　　　　＊

　いかがでしたでしょうか。読んでいてもなんとなく単調な感じを受ける問題46の文章ですが、どうしてそのように感じるかというと、それは「～ました」ということばで終わっている文が5つも続いているからです。これに対し、答の一例として示した文章のほうは、同じことばで終わる文が続くことのないようにしてあるので、リズム感があって、読みやすいはずです。一般には、どうしても同じことばで終わる文を続けざるを得ないというような場合でも、せいぜい3つの文が続く程度までにとどめるのがいいでしょう。

§6 リズム感を大切にする―その1

●読点の前のことばにも変化をもたせて

　ことばに変化をもたせるということでは、読点の前のことばについても注意しなければなりません。たとえば、ひとつの文の中で、ある読点の前とその次の読点の前を見るとまったく同じことばが使われているという、そういったことばの使い方がしてあると、文を読んでいったときのリズム感が損なわれてしまいます。

　一例として、次に問題をだしますので、取り組んでみてください。特にむずかしいということはありません。

　　　　　　　　　＊　　　　　　＊　　　　　　＊

【問題 47】次の文は、読点の前が２か所とも同じことばになっているので、リズム感に欠けています。これをリズム感のある文に書き替えてください。
○バラの花を買うため、花屋へ立ち寄ったため、帰りが遅くなりました。
○予定が迫っていたことから、早足で歩いたことから、少し疲れました。

　　　　　　　　　　　　　　　＊

＜答の一例＞
○バラの花を買う<u>ため、</u>花屋へ立ち寄った<u>ので、</u>帰りが遅くなりました。
○予定が迫っていた<u>ことから、</u>早足で歩いた<u>ので、</u>少し疲れました。
メモ：リズム感を考えた場合、読点の前のことばとしては、同じものを連続して使わないほうが好ましいことになります。

　　　　　　　　　＊　　　　　　＊　　　　　　＊

　補足説明をしておきますが、文末のときなどと違って、この場合は例外的なケースがあるので、注意が必要です。もっとも、注意が必要であるといっても特にややこしいことではありません。次の問題に取り組んでいただければ、すぐにわかるでしょう。

　　　　　　　　　＊　　　　　　＊　　　　　　＊

【問題 48】次の文は、読点の前が連続して同じことばになっていますが、リズム感を考えた場合、書き替えたほうがいいのでしょうか。
○今月は草津温泉を、来月は伊香保温泉を、さ来月は熱海温泉を、それぞれ
　取材して回ることになっています。
○きょうのプロ野球は、広島球場で広島－横浜戦が、甲子園球場で阪神－ヤ

§6 リズム感を大切にする―その1

クルト戦が、ナゴヤドームで中日－巨人戦が、それぞれ予定されています。
　　　　　　　　　　　＊
〈答〉
○書き替える必要はありません。
メモ：このような場合は、読点の前が連続して同じことばになっていても、特に問題はありません。
　　　　　＊　　　　　＊　　　　　＊
　読点の前のことばと読んだときのリズム感との関係については、ひとつの文の中だけでなく、連続する文についても注意を払わなければなりません。そういったことがよくわかる問題を続けて2つだしますので、取り組んでみてください。これも、特にむずかしいということはないでしょう。
　　　　　＊　　　　　＊　　　　　＊
【問題49】次の文章は、読点の前が同じことばになっている文が続いていることもあって、リズム感に欠けています。これをリズム感のある文章に書き替えてください。
○うわさのレストランをようやく見つけることができましたが、それは住宅街の中にありました。隠れ家的な存在と聞いていたのですが、確かにそうだったのです。やがて、目の前に注文した料理が運ばれてきましたが、盛りつけがなんともすてきでした。料理をひとくち食べてみてさらに驚いたのですが、素材を生かした絶妙な味つけがしてありました。また訪れたいと思いましたが、いろいろ忙しくてしばらくはこれそうにありません。
　　　　　　　　　　　＊
〈答の一例〉
○うわさのレストランをようやく見つけることができました<u>が、</u>それは住宅街の中にありました。隠れ家的な存在と聞いていた<u>とおり、</u>確かにそうだったのです。やがて、目の前に注文した料理が運ばれてきました<u>が、</u>盛りつけがなんともすてきでした。料理をひとくち食べてみてさらに驚いた<u>ことには、</u>素材を生かした絶妙な味つけがしてありました。また訪れたいと思います<u>ものの、</u>いろいろ忙しくてしばらくはこれそうにありません。
　　　　　＊　　　　　＊　　　　　＊

§6 リズム感を大切にする─その1

【問題50】次の文章は、読点の前が同じことばになっている文が続いていることもあって、リズム感に欠けています。これをリズム感のある文章に書き替えてください。
○ここ数日、雨が降らないので、ようやくつゆがあけたようです。気温もぐんぐんあがってきたので、まちにまった夏の到来です。夏休みも目の前に迫っているので、楽しみは増すばかり。今年の夏休みは自由研究にも力を入れる予定ですので、9月にはいろいろよい報告ができるでしょう。

＊

＜答の一例＞
○ここ数日、雨が降らない<u>ことから、</u>ようやくつゆがあけたようです。気温もぐんぐんあがってきた<u>ため、</u>まちにまった夏の到来です。夏休みも目の前に迫っている<u>ので、</u>楽しみは増すばかり。今年の夏休みは自由研究にも力を入れる予定<u>ですし、</u>9月にはいろいろよい報告ができるでしょう。

＊　　　　＊　　　　＊

いかがでしたでしょうか。文章を作成するときには、「読点の前が同じことばになってしまう」という文をどうしても続けざるを得ない場面もでてきますが、そういった場面でも、読んだときのリズム感のことを考えれば、せいぜい2つの文が続く程度までにとどめておくのがいいでしょう。

●同じことばをいくつも使わないように
　連続して同じことばを使わないほうがいいということに対しては、これまでに説明してきたことだけでなく、そのほかにも注意しなければいけないことがあります。次に問題をだしますので、よく考えてみてください。

＊　　　　＊　　　　＊

【問題51】次の文は、同じことばがいくつも使われているため、リズム感に欠けています。書き替えて、リズム感のある文にしてください。
○街角にある小さな博物館にある企画展示コーナーにある資料は、たいへん貴重なものばかりです。
○市の南部の公園の花壇の黄色の菊の花は、いまが見頃です。

＊

§6　リズム感を大切にする―その1

＜答の一例＞
○街角の小さな博物館の企画展示コーナーにある資料は、たいへん貴重なものばかりです。
○市の南部に位置した公園の花壇にある黄色い菊の花は、いまが見頃です。
メモ：リズム感を考えた場合は、「句読点でくぎられたひと続きの語句の中では、同じことばをいくつも使わない」ほうが好ましいことになります。

＊　　　　　＊　　　　　＊

　いかがでしたでしょうか。問題51の2番目の文にある「～の」ということば、あるいはまた「～に」・「～を」・「～から」・「～へ」などといったことばについては、ひとつの文の中でいくつも使うと、リズム感を損なうだけでなく、意味もわかりにくくしてしまうことがあるので、特に注意が必要です。ひとつの文の中で考えると、こういったことばは、好ましくは2つ、多くても3つまでの使用にとどめておくのがいいでしょう。

　なお、補足説明をしておきますが、「同じことば、あるいは同じようなことばを連続して使うことによって、語調を強め、勢いのある文にして一種のリズム感をだす」というようなこともありますから、この点にだけは注意が必要です。次に問題をだしますので、取り組んでみてください。

＊　　　　　＊　　　　　＊

【問題52】同じことば、あるいは同じようなことばを連続して使うことにより、語調を強めて勢いをもたせた、一種のリズム感のある文を2つ書いてください。

＊

＜答の一例＞
○全国大会が迫っていたので、練習に練習を重ねました。
○あいにくと地下鉄が止まってしまったので、目的地の公園までただひたすら歩きに歩いたのです。

＊　　　　　＊　　　　　＊

　それでは次に、動詞・形容詞・形容動詞の特定の使い方がリズム感に及ぼす影響の説明に移りますが、多少、ややこしいところもあるため、§（セクション）を改めて説明することにします。

§7 リズム感を大切にする—その2

●動詞・形容詞・形容動詞について

　ことばの最小単位は、いわゆる単語です。ことばの意味やはたらきなどを考えると、ことばは単語以上に小さく分解することはできません。一口に単語といってもさまざまですが、その中に、動詞・形容詞・形容動詞というものがあります。

　最初に、動詞ですが、これはものごとの動作や作用、存在などを表すことばで、50音図のウ段で終わる特徴をもっています。「書く」・「話す」・「学ぶ」などといったことばです。それでは、ここで問題です。

　　　　　＊　　　　　　＊　　　　　　＊

【問題53】50音図を作成してください。

　　　　　　　　　　　＊

＜答＞

```
ワ ラ ヤ マ ハ ナ タ サ カ ア
ヰ リ イ ミ ヒ ニ チ シ キ イ
ウ ル ユ ム フ ヌ ツ ス ク ウ
ヱ レ エ メ ヘ ネ テ セ ケ エ
ヲ ロ ヨ モ ホ ノ ト ソ コ オ
```

　　　　　＊　　　　　　＊　　　　　　＊

　いかがでしたでしょうか。50音図というのは、50個のかなを音声の種類にしたがって、たてに5文字ずつ、よこに10文字ずつ配列した図のことです。この50音図では、5文字で構成されるたての一組を行（ぎょう）と呼び、10文字で構成されるよこの一組を段（だん）と呼んでいます。それぞれの行と段は、最初の文字を使って、ア行・カ行・サ行…、ア段・イ段・ウ段…と呼ばれます。

　なお、ア行の「イ」と「エ」がヤ行に、ア行の「ウ」がワ行にそれぞれ重

複してでてくるため、50音図の中のかなは、50個とはいっても、実質的には47個です。また、50音図の中の「ヰ」(「i」と発音します)と「ヱ」(「e」と発音します) というかなは、現代かなづかいでは使われていません。「ン」というかなは、50音図の中には入っていませんが、50音図の末尾に付記されることもあります。

　次に、形容詞ですが、これはものごとの性質や状態などを表すことばで、「い」で終わる特徴をもっています。「美しい」・「遠い」・「高い」などといったことばです。また、形容動詞も、形容詞と同じようにものごとの性質や状態などを表すことばですが、こちらのほうは「だ」で終わる特徴をもっています。「静かだ」・「きれいだ」・「簡単だ」などといったことばです。

　これらの動詞・形容詞・形容動詞が使われるときのかたちはいろいろですが、動詞と形容詞では、そのひとつに「て」が後ろに続くというかたちがあります (形容動詞にはありません)。たとえば、「書く」という動詞では「書いて」というかたち、「美しい」という形容詞では「美しくて」というかたちです。動詞の場合は、「て」が「で」になるときもあります。一例ですが、「泳ぐ」・「読む」という動詞では、「泳いで」・「読んで」というかたちになります。

　また、動詞・形容詞・形容動詞が使われるときのかたちのひとつに、ことばをいったんそこで切ってから後ろへ続けるというかたちもあります。たとえば、「書く」という動詞では「友人に手紙を書き、郵便ポストへ入れました。」というようなかたち、「美しい」という形容詞では「花が美しく、みとれてしまいました。」というようなかたち、「静かだ」という形容動詞では「あたりは静かで、なにも聞こえませんでした。」というようなかたちです。ことばをいったんそこで切ってから後ろへ続けるかたちですから、ここでは「中止のかたち」と呼ぶことにします。

　なお、この「中止のかたち」ですが、形容動詞の場合は、先の「あたりは静かで、なにも聞こえませんでした。」という例からもわかるように、「で」で終わることばになっています。したがって、ことばとしては動詞と形容詞の「て(で)」が後ろに続くかたちのものに似ているため、少しややこしいのは確かです。

●動詞・形容詞・形容動詞の特定の使い方に注意を

　さて、前置きが長くなりましたが、動詞・形容詞・形容動詞では、「中止のかたち」と「『て(で)』が後ろに続くかたち」のものを使う場合、使い方がよくないと、ときとしてリズム感が損なわれてしまうことがあるため、注意が必要です。

　具体的にいうと、ひとつの文の中で次のような使い方をしたときは、リズム感の点からすれば"要注意"です。

● 「中止のかたちのものが読点の前にある」というかたちを単独で使ったとき、あるいは連続して使ったとき。
● 「『て(で)』が後ろに続くかたちのものが読点の前にある」というかたちを連続して使ったとき。
● 句読点でくぎられたひと続きの語句の中で、中止のかたちのものを単独で使ったとき、あるいは2つ以上使ったとき。
● 句読点でくぎられたひと続きの語句の中で、「て(で)」が後ろに続くかたちのものを2つ以上使ったとき。

　それでは、これらの"要注意"の使い方に関する問題をいくつかだすことにします。最初は、読点の前における動詞の使い方の問題です。

　　　　　＊　　　　　　＊　　　　　　＊

【問題 54】次の文は、「中止のかたちのものが読点の前にある」というかたちで動詞が使われているため、リズム感に欠けています。これをリズム感のある文に書き替えてください。読点はそのままとします。
○きのうは公園へ行き、アジサイの花を撮影しました。
○指定された本を読み、読書感想文を書きました。

　　　　　　　　　　　　＊

<答>
○きのうは公園へ行って、アジサイの花を撮影しました。
○指定された本を読んで、読書感想文を書きました。
メモ：読点の前で動詞を使う場合は、中止のかたちのものではなく、「て(で)」が後ろに続くかたちのものにしたほうがリズム感にすぐれています。

　　　　　＊　　　　　　＊　　　　　　＊

§7 リズム感を大切にする―その2

　いかがでしたでしょうか。それでは、今度は形容詞と形容動詞で、同じような問題です。

　　　　　　　＊　　　　　　　＊　　　　　　　＊

【問題 55】次の文には、「中止のかたちのものが読点の前にある」というかたちで形容詞と形容動詞が使われています。リズム感に問題がある場合にのみ、書き替えてください。読点はそのままとします。
○イヌの逃げ足が速く、追いつくことができませんでした。
○洋風の家は非常に立派で、庭にはさまざまな花が咲き乱れていました。

　　　　　　　　　　　　　　＊

＜答＞
○イヌの逃げ足が<u>速くて、</u>追いつくことができませんでした。
○「洋風の家は～咲き乱れていました。」の文は、リズム感に問題がないので、書き替える必要はありません。
メモ：読点の前で形容詞を使う場合も、動詞の場合と同様に、中止のかたちのものではなく、「て」が後ろに続くかたちのものにしたほうがリズム感にすぐれています。また、形容動詞の場合は、中止のかたちのものは「で」で終わることばになっています。このため、読点の前で中止のかたちのものを使っても、リズム感に欠けることはありません。

　　　　　　　＊　　　　　　　＊　　　　　　　＊

　いかがでしたでしょうか。補足説明をしておきますが、形容動詞（＝中止のかたちのものは「で」で終わることばになっています）を除いて、動詞や形容詞の場合は、中止のかたちのものが読点の前に使われていると、どちらかといえば"ひきしまった感じ"がするのも確かです。したがって、リズム感よりはそういった感じを優先するのであれば、読点の前の動詞や形容詞としては、「て（で）」が後ろに続くかたちのものを使う必要はありません。
　それでは、引き続いてまた問題をだしますので、取り組んでみてください。再び、読点の前における動詞の使い方の問題です。

　　　　　　　＊　　　　　　　＊　　　　　　　＊

【問題 56】次の文は、「中止のかたちのものが読点の前にある」というかたち、あるいは「『て（で）』が後ろに続くかたちのものが読点の前にある」と

いうかたちをそれぞれ連続させて動詞を使っているため、リズム感に欠けています。これをリズム感のある文に書き替えてください。読点はそのままとします。
○駅の近くの図書館へ行き、話題の推理小説を借り、家へ帰りました。
○最後に店に入り、みやげのクッキーを買い求め、バスに戻りました。
○公園のベンチに座って、ゆっくり空を仰いで、流れる雲を眺めました。
○最後に太鼓を取りだして、舞台の上に置いて、公演の準備を終えました。

＊

＜答の一例＞
○駅の近くの図書館へ行って、話題の推理小説を借り、家へ帰りました。
○最後に店に入って、みやげのクッキーを買い求め、バスに戻りました。
○公園のベンチに座って、ゆっくり空を仰ぎ、流れる雲を眺めました。
○最後に太鼓を取りだして、舞台の上に置き、公演の準備を終えました。
メモ：動詞の場合は、「中止のかたちのものが読点の前にある」というかたち、あるいは「『て(で)』が後ろに続くかたちのものが読点の前にある」というかたちをそれぞれ連続させるより、両方のかたちをひとつずつ使うほうがリズム感にすぐれています。

＊　　　　＊　　　　＊

　いかがでしたでしょうか。それでは、今度は形容詞と形容動詞で、同じような問題です。

＊　　　　＊　　　　＊

【問題 57】次の文は、「中止のかたちのものが読点の前にある」というかたち、あるいは「『て』が後ろに続くかたちのものが読点の前にある」というかたちをそれぞれ連続させて形容詞を使っているため、リズム感に欠けています。これをリズム感のある文に書き替えてください。読点はそのままとします。
○料理がおいしく、語らいも楽しく、パーティーは大成功でした。
○変化球のきれがよくて、直球も速くて、相手チームのピッチャーは非常に
　好調でした。

＊

§7 リズム感を大切にする―その2

＜答の一例＞
○料理が<u>おいしくて、</u>語らいも<u>楽しく、</u>パーティーは大成功でした。
○変化球のきれが<u>よくて、</u>直球も<u>速く、</u>相手チームのピッチャーは非常に好調でした。

メモ：形容詞の場合も、動詞の場合と同じように、「中止のかたちのものが読点の前にある」というかたち、あるいは「『て』が後ろに続くかたちのものが読点の前にある」というかたちをそれぞれ連続させるより、両方のかたちをひとつずつ使うほうがリズム感にすぐれています。

　　　　＊　　　　＊　　　　＊

【問題 58】次の文は、「中止のかたちのものが読点の前にある」というかたちを連続させて形容動詞を使っているため、リズム感に欠けています。これをリズム感のある文に書き替えてください。読点はそのままとします。
○芝生がきれいで、松の枝ぶりもみごとで、一見に値する庭園でした。
○高原の牧場は静かで、空気もさわやかで、本当に心が安らぎました。

　　　　　　　　＊

＜答の一例＞
○芝生が<u>きれいな上に、</u>松の枝ぶりも<u>みごとで、</u>一見に値する庭園でした。
○高原の牧場は<u>静かでしたし、</u>空気も<u>さわやかで、</u>本当に心が安らぎました。

メモ：形容動詞の場合は、「中止のかたちのものが読点の前にある」というかたちを連続させるのではなく、どちらか一方のことばづかいを変更することによって、リズム感をだすようにします。（形容動詞の場合は、「て」が後ろに続くかたちの使い方がないため、動詞や形容詞の場合とは違った対応が必要になります。）

　　　　＊　　　　＊　　　　＊

ところで、問題54〜問題58では、「読点はそのままにして書き替えるように」ということにしましたが、読点の打ち方を変更してもいいということにすれば、どうなるでしょうか。問題56の中にある次の文で考えてみます。

　　　　＊　　　　＊　　　　＊

○最後に太鼓を取りだして、舞台の上に置いて、公演の準備を終えました。

　　　　＊　　　　＊　　　　＊

この文のリズム感を改善する場合、読点の打ち方の変更も含めると、次の４つの文への書き替えが考えられます。

＊　　　　＊　　　　＊

○最後に太鼓を<u>取りだして、</u>舞台の上に<u>置き、</u>公演の準備を終えました。
○最後に太鼓を<u>取りだして</u>舞台の上に<u>置き、</u>公演の準備を終えました。
○最後に太鼓を<u>取りだし、</u>舞台の上に<u>置いて、</u>公演の準備を終えました。
○最後に太鼓を<u>取りだし、</u>舞台の上に<u>置いて</u>公演の準備を終えました。

＊　　　　＊　　　　＊

　これだけいろんな書き方の文が考えられると、「それでは、これらの文の中で、どの書き方の文を選ぶのがもっともいいのか」ということにもなりますが、実際の文章の中では、前後の文脈なども考慮した上で、どの書き方の文にするかを決めます。当然、書き手の好みの問題にもかかわってきます。

　読点に関連した説明をもう少し続けますが、先にも示した問題 56 の中にある文では、後ろのほうの読点をとって、次のようにするだけでも、少しはリズム感を改善することができます。

＊　　　　＊　　　　＊

○最後に太鼓を<u>取りだして、</u>舞台の上に<u>置いて</u>公演の準備を終えました。

＊　　　　＊　　　　＊

　どうしてそうなるのかという明確な理由はわかりませんが、文章を読んでいくときは、読点があるところでは一息を入れる傾向があるものの、読点がないところでは一息を入れるということがない、というようなことが微妙に影響しているのではないでしょうか。それでは、引き続いてまたいくつかの問題をだすことにします。今度は、句読点でくぎられたひと続きの語句の中における動詞の使い方の問題です。よく考えて、取り組んでみてください。

＊　　　　＊　　　　＊

【問題 59】次の文は、句読点でくぎられたひと続きの語句の中の動詞として、中止のかたちのものがひとつあるいは２つ使われていたり、「て（で）」が後ろに続くかたちのものが２つ使われていたりするため、リズム感に欠けています。これをリズム感のある文に書き替えてください。読点は増やしてもかまいません。

§7 リズム感を大切にする—その2

○きのうは、机の上を整理しきれいにしました。
○レストランを見つけ遅い昼食をとり、一息つきました。
○日曜日のこと、近くの公園へ行き花の写真を撮り家へ戻りました。
○トランプを取りだしてテーブルの上に置いて、手品の用意をしました。
○それから、図書館へ立ち寄って2時間ほど本を読んで帰路に着きました。

＊

＜答の一例＞
○きのうは、机の上を整理してきれいにしました。
○レストランを見つけて遅い昼食をとり、一息つきました。
○日曜日のこと、近くの公園へ行って花の写真を撮り、家へ戻りました。
○トランプを取りだしてテーブルの上に置き、手品の用意をしました。
○それから、図書館へ立ち寄って2時間ほど本を読み、帰路に着きました。

メモ：句読点でくぎられたひと続きの語句の中で動詞を使う場合、ひとつ使うときは、中止のかたちのものではなく、「て（で）」が後ろに続くかたちのものにしたほうがリズム感にすぐれています。また、2つ使うときは、中止のかたちのものばかりとか、「て（で）」が後ろに続くかたちのものばかりを使うのではなく、それぞれのかたちのものをひとつずつ使った上で、読点の打ち方にも注意することが必要になります。

＊　　　　　　＊　　　　　　＊

いかがでしたでしょうか。それでは、今度は形容詞と形容動詞で、同じような問題です。よく考えて、取り組んでみてください。

＊　　　　　　＊　　　　　　＊

【問題60】次の文は、句読点でくぎられたひと続きの語句の中の形容詞として、中止のかたちのものがひとつあるいは2つ使われていたり、「て」が後ろに続くかたちのものが2つ使われていたりするため、リズム感に欠けています。これをリズム感のある文に書き替えてください。読点は増やしてもかまいません。

○デザートのイチゴは、非常に甘くびっくりするほどのおいしさでした。
○きのうはあまり暑くありませんでしたが、きょうは朝から気温が高く日差
　しも強く、とても暑い一日になりそうです。

○今度の腕時計は、非常に軽くデザインもよくたいへん気に入りました。
○川幅が狭くて流れも速くて、このあたりは小舟による川くだりの難所です。
○ホテルの客室は、窓からの眺めがすばらしくて室内も広くて満足のいくものでした。

*

＜答の一例＞
○デザートのイチゴは、非常に甘くてびっくりするほどのおいしさでした。
○きのうはあまり暑くありませんでしたが、きょうは朝から気温が高くて日差しも強く、とても暑い一日になりそうです。
○今度の腕時計は、非常に軽くてデザインもよく、たいへん気に入りました。
○川幅が狭くて流れも速く、このあたりは小舟による川くだりの難所です。
○ホテルの客室は、窓からの眺めがすばらしくて室内も広く、満足のいくものでした。

メモ：句読点でくぎられたひと続きの語句の中で形容詞を使う場合も、動詞の場合と同じようなことがいえます。つまり、ひとつ使うときは、中止のかたちのものではなく、「て」が後ろに続くかたちのものにしたほうがリズム感にすぐれています。また、2つ使うときは、中止のかたちのものばかりとか、「て」が後ろに続くかたちのものばかりを使うのではなく、それぞれのかたちのものをひとつずつ使った上で、読点の打ち方にも注意することが必要になります。

*　　　　　*　　　　　*

【問題61】次の文には、句読点でくぎられたひと続きの語句の中の形容動詞として、中止のかたちのものがひとつあるいは2つ使われています。リズム感に問題がある場合にのみ、書き替えてください。読点は増やしてもかまいません。
○紹介された料理は、手順が非常に複雑でつくるのに時間がかかりました。
○秋のはじめに旅行したのですが、海が穏やかで食事も豪華で、楽しい船旅になりました。
○博物館を訪れましたが、驚くほどきれいでとても静かでゆっくり見学することができました。

§7 リズム感を大切にする―その2

＊

＜答の一例＞
○「紹介された〜時間がかかりました。」の文は、リズム感に問題がないので、書き替える必要はありません。
○秋のはじめに旅行したのですが、海が<u>穏やかな上に</u>食事も<u>豪華で、</u>楽しい船旅になりました。
○博物館を訪れましたが、<u>驚くほどきれいな上に</u>とても<u>静かで、</u>ゆっくり見学することができました。
メモ：句読点でくぎられたひと続きの語句の中で形容動詞を使う場合は、中止のかたちのものが「で」で終わることばになっているため、ひとつ使うときはリズム感の問題はありません。2つ使うときは、どちらか一方のことばづかいを変更した上で、読点の打ち方にも注意することが必要になります。（形容動詞の場合は、「て」が後ろに続くかたちの使い方がないため、動詞や形容詞の場合とは違った対応が必要になります。）

＊　　　　＊　　　　＊

　以上、リズム感の観点から、動詞・形容詞・形容動詞の特定の使い方についていろいろ説明してきました。最後に、動詞の例を取りあげて、もう少し細かい話をすることにしましょう。一例ですが、句読点でくぎられたひと続きの語句の中に「て（で）」が後ろに続くかたちの動詞が3つ使われている、次のようなリズム感のよくない文があったとします。

＊　　　　＊　　　　＊

○バスを利用して房総半島へ行って潮干狩りを楽しんで、家に戻りました。

＊　　　　＊　　　　＊

　これに対しては、読点の打ち方の変更も含めると、たとえば次のような文への書き替えが考えられます。

＊　　　　＊　　　　＊

○バスを<u>利用して</u>房総半島へ<u>行き、</u>潮干狩りを<u>楽しんで</u>家に戻りました。

＊　　　　＊　　　　＊

　この文であれば、元の文に比べても、リズム感がよくなります。しかし、「〜房総半島へ行き、潮干狩りを〜」という部分に、「中止のかたちで使われて

いる動詞が読点の前にある」というかたちがあります。どうしてこのようなことになるのかというと、それはひとつの文で書いたからです。

それでは、2つの文にわけて書くことを考えたら、どうなるでしょうか。読点の打ち方の変更も含めると、たとえば次のような文への書き替えが考えられます。

　　　　　　＊　　　　　　＊　　　　　　＊
○バスを<u>利用して、</u>房総半島<u>へ行きました。</u>それから、潮干狩りを<u>楽しんで、</u>家に戻りました。
○バスを<u>利用して、</u>房総半島<u>へ行きました。</u>そして、潮干狩りを<u>楽しんで</u>家に戻りました。
　　　　　　＊　　　　　　＊　　　　　　＊

これらの文であれば、先の書き替え文に比べても、さらにリズム感がよくなります。「そうであれば、いつも2つの文で書けばいいのではないか」ということにもなりますが、残念ながら、いつもそういう書き方をすることができるわけではありません。なぜなら、文章を作成するときは、部分、部分で考えるというのではなく、全体の流れの中で考えながら、一つひとつの文を書いていかなければならないからです。

したがって、リズム感というものに対しても、最終的には前後の文脈もみながら、その場面、その場面で、最適な書き方というものを判断していくことになります。あくまでも、総合的な観点から判断することになるわけです。

ところで、動詞・形容詞・形容動詞の特定の使い方とリズム感について、これまでいろいろ説明してきましたが、例外的なことはないのでしょうか。実は、例外的なことがあるのです。

一例をあげてみます。皆さんは、金槐（きんかい）和歌集という歌集をご存じでしょうか。鎌倉幕府（1185〜1333年）の三代将軍である源実朝（みなもとのさねとも）の私家集（個人の歌集）です。この金槐和歌集に、次のような和歌がおさめられています。

　　　　　　＊　　　　　　＊　　　　　　＊
○「大海の磯もとどろによする波われてくだけてさけて散るかも」
　　　　　　＊　　　　　　＊　　　　　　＊

この和歌に読点を打つとすれば、次のようにすることも可能です。

　　　　　　＊　　　　　　＊　　　　　　＊

○「大海の磯もとどろによする波、<u>われて、</u><u>くだけて、</u><u>さけて、</u>散るかも」

　　　　　　＊　　　　　　＊　　　　　　＊

　このような書き方をした場合、「『て（で）』が後ろに続くかたちで使われている動詞が読点の前にある」というかたちが３つ続いていることになりますが、それにもかかわらず、非常によくリズム感がでています。

　それでは、次に示す文はどうでしょうか。

　　　　　　＊　　　　　　＊　　　　　　＊

○今年の４月に野球部へ入ってきたピッチャーは、夏休みの合宿練習でひたすら<u>投げて、</u><u>投げて、</u><u>投げて、</u>投げまくった結果、ついにすばらしい制球力を身につけたのです。

　　　　　　＊　　　　　　＊　　　　　　＊

　これも、「『て（で）』が後ろに続くかたちで使われている動詞が読点の前にある」というかたちが３つ続いていますが、非常によくリズム感がでています。こういった例もあるわけです。したがって、ときには、動詞・形容詞・形容動詞の特定の使い方に関する、このような「例外的な使い方」をいかにうまく使いこなすかということを考えてみるのもいいでしょう。

§8　意味合いを明確にする

●述語に対応する主語をはっきりさせて

　文章を読んでいったときに、「いろんな意味に解釈できるが、本当の意味合いはどうなんだろう」と考えこんでしまうような書き方の文に出合ったとしたら、どうでしょうか。読者は困ってしまいます。したがって、文章を作成するときは、決してそういった書き方をしないで、「意味合いを明確にしておく」ということに絶えず心がける必要があります。

　皆さんもご存じのように、英語の文では常に主語がはっきりしていますが、日本語の文ではかなりあいまいなところがあり、ときとして主語が省略されることもあります。しかし、主語を省略した場合、書き方がよくなければ、結果的には「2通りの意味合いが考えられる文になってしまった」ということも起こり得ます。

　このようなことはほんの一例で、主語についてはいろんなことがあるわけですが、意味合いを明確にするということに対しては、なによりもまず、述語との対応をはっきりさせておくことが大切です。ちなみに、主語と述語については§2でも説明しましたが、「何が（何は）～どうした」という関係でいうと、「何が（何は）」にあたることばが主語で、「どうした」にあたることばが述語です。主語と述語は、対応関係にあります。

　それでは、主語と述語の対応の問題をだしますので、取り組んでみてください。

　　　　　＊　　　　　　　＊　　　　　　　＊

【問題62】次の文章は、主語と述語の対応に少しわかりにくいところがあるため、意味合いもわかりにくいものとなっています。主語と述語の対応がわかりやすい、意味合いも明確な文章に書き替えてください。

○スポーツ大会では、複数の競技を同時進行で行うことになり、まず走り幅跳びが開始されました。しかし、やり投げが開始されてすぐに、いったん中止になりました。

　　　　　　　　　　　　　　＊

§8 意味合いを明確にする

〈答の一例〉
○スポーツ大会では、複数の競技を同時進行で行うことになり、まず走り幅跳びが開始されました。やり投げも開始されましたが、こちらはすぐに、いったん中止になりました。

（あるいは）
○スポーツ大会では、複数の競技を同時進行で行うことになり、まず走り幅跳びが開始されました。しかし、やり投げが、開始されてすぐに、いったん中止になりました。

（あるいは）
○スポーツ大会では、複数の競技を同時進行で行うことになり、まず走り幅跳びが開始されました。しかし、やり投げが開始されてすぐに、走り幅跳びはいったん中止になりました。

　　　　　　　＊　　　　　　　＊　　　　　　　＊

　いかがでしたでしょうか。問題62の文章では、「しかし」で始まる文の中で、「開始されて」という述語に対応する主語が「やり投げが」であることはすぐにわかりますが、「中止になりました」という述語に対応する主語が「やり投げが」なのか、それとも「走り幅跳びが」なのか、少しわかりにくい感じを受けます。

　これに対し、答の一例に示した文章は、いずれも「中止になりました」という述語に対応する主語がはっきりしているので、意味合いもよくわかるはずです。また、答の一例の中の2番目の文章から、読点の使い方も大切であることが理解できます。

●**主語と述語は近くに**

　先ほど、「日本語の文では主語が省略されることもある」と説明しましたが、日本語の文には、「主語が最初のほうにきて、その主語に対応する述語が最後のほうにくることが多い」という、もうひとつの特徴があります。

　しかし、主語と述語があまりにも離れていたら、どうでしょうか。わけがわからなくなるというか、意味合いがわからなくなってしまうことにもなりかねません。したがって、意味合いを明確にするためには、主語と述語をで

きるだけ近づけておくことも必要になってきます。それでは、主語と述語の位置関係の問題をだしますので、よく考えてみてください。

　　　　　　　＊　　　　　　　＊　　　　　　　＊

【問題63】次の文ですが、主語と述語が離れすぎています。文を分割してもかまいませんので、もっと近づけたものに書き替えてください。

○市の北西部にある運動公園は、敷地面積が25万㎡ほどもある広い公園で、その中には陸上競技場や野球場、体育館、テニスコートなどがあるほか、ウォーキングコース（兼ジョギングコース）が設けてあり、さらには広範囲にわたっていろいろな種類の植物も植えてあるので、四季折々に咲くさまざまな花を楽しむことができるため、毎日、多くの人が訪れているのですが、市民からの多くの要望にもとづいて、いまからおよそ20年前につくられました。

　　　　　　　　　　　　　　＊

＜答の一例＞

○市の北西部にある<u>運動公園</u>は、市民からの多くの要望にもとづいて、いまからおよそ20年前に<u>つくられました</u>。敷地面積が25万㎡ほどもある広い公園で、その中には陸上競技場や野球場、体育館、テニスコートなどがあるほか、ウォーキングコース（兼ジョギングコース）が設けてあります。さらには、広範囲にわたっていろいろな種類の植物も植えてあるので、四季折々に咲くさまざまな花を楽しむことができるため、毎日、多くの人が訪れています。

　　　　　　　＊　　　　　　　＊　　　　　　　＊

　いかがでしたでしょうか。問題63の文では、「運動公園は」という主語と「つくられました」という述語の間にいろんな説明が入っており、主語と述語が離れすぎていることがわかります。こういう書き方がしてあると、最後の「つくられました」という述語のところまで読んできたときには、「この述語に対応する主語は、なんだったんだろう」ということになり、意味合いもわかりくいものになってしまいます。これに対して、答の一例に示した文では、「つくられました」という述語が「運動公園は」という主語の近くにあるので、意味合いもすぐに理解できます。こういう書き方がいいわけです。

§8 意味合いを明確にする

● 主題の書き方にもくふうを

　§2で「主語に似たものとして、主題というものがあります」と説明しましたが、この主題の書き方も、意味合いの理解のしやすさに多少、影響してきます。次に問題をだしますので、よく考えてみてください。

　　　　　　　　＊　　　　　　　＊　　　　　　　＊

【問題64】主題がスムーズではない次の文を書き替えてください。
○昼食は、自家製のカレイの一夜干しを焼いたものも添えたのです。
○今度の工作の授業は、のこぎりと彫刻刀も使います。

　　　　　　　　　　　　　　　＊

＜答の一例＞
○昼食には、自家製のカレイの一夜干しを焼いたものも添えたのです。
○今度の工作の授業では、のこぎりと彫刻刀も使います。

　　　　　　　　＊　　　　　　　＊　　　　　　　＊

　いかがでしたでしょうか。問題64では、多少、微妙なところはあるものの、答の一例に示した文のほうが問題文よりは意味合いがわかりやすいはずです。
　一般に、「～は」という主題については、意味合いが少しわかりにくいときもある、というような感じを受けます。したがって、「読んだときに意味合いがすぐ理解できるように」ということを優先すれば、「～は」という主題は別な表現のものにするほうがよいときもあるようです。

● 読点や前後の語句をつなぐことばの使い方に注意を

　意味合いを明確にするということに対しては、読点が効果的な役割を果たすときもあります。その典型的な例ということになりますが、次に問題をだしますので、取り組んでみてください。

　　　　　　　　＊　　　　　　　＊　　　　　　　＊

【問題65】次の文は、書き方がよくないので、本当の意味合いが判断できません。意味合いが判断できる文に書き替えてください。
○ある日曜日の昼さがりのこと、私たちは公園のベンチに腰かけて話をしながら歩いている人たちを見ていました。

　　　　　　　　　　　　　　　＊

＜答の一例＞
○ある日曜日の昼さがりのこと、私たちは公園のベンチに腰かけて話をしながら、歩いている人たちを見ていました。
（あるいは）
○ある日曜日の昼さがりのこと、私たちは公園のベンチに腰かけて、話をしながら歩いている人たちを見ていました。
メモ：答の一例に示した最初の文では「話をしているのは私たち」、2番目の文では「話をしているのは歩いている人たち」、ということになります。

＊　　　　　＊　　　　　＊

　いかがでしたでしょうか。§1でも一度、説明しましたが、ことばづかいが同じ文であっても、読点の位置によってはまったく意味合いが違ってくることがあるので、読点の使い方も間違えないようにする必要があります。
　それから、意味合いがよくわかるようにするには、前後の語句をつなぐことばを使うときでも、注意が必要です。具体的にいえば、前後の語句をつなぐことばの中に「と」や「や」などといったことばがありますが、これらのことばを使うときは、ときとしてミスを犯しやすいので注意しなければいけない、ということです。次に問題をひとつだしますので、よく考えてみてください。

＊　　　　　＊　　　　　＊

【問題66】次の文には、本当の意味合いが誤解されるようなところもあります。意味合いが誤解されない文に書き替えてください。
○にんじんとほうれん草、ブロッコリー、かぼちゃなどの緑黄色野菜、そしてじゃがいも、たまねぎ、だいこん、もやしなどの淡色野菜…、とにかく野菜をいっぱい食べました。

＊

＜答の一例＞
○にんじん・ほうれん草・ブロッコリー・かぼちゃなどの緑黄色野菜、そしてじゃがいも・たまねぎ・だいこん・もやしなどの淡色野菜…、とにかく野菜をいっぱい食べました。

＊　　　　　＊　　　　　＊

いかがでしたでしょうか。問題 66 の文ですが、にんじんが緑黄色野菜〔新鮮な野菜 100 g の中に、ベータカロチンを 600 μg（マイクログラム）以上含有するもの（1 μg は 100 万分の 1 g）〕であることを知っている人は、意味合いを間違えることはありません。

しかし、にんじんは赤いから緑黄色野菜ではないと思っている人は、「にんじん・緑黄色野菜（ほうれん草・ブロッコリー・かぼちゃなど）・淡色野菜（じゃがいも・たまねぎ・なす・もやしなど）を食べた」という意味合いに誤解してしまう可能性があります。したがって、この場合には、答の一例として示した文のように書くのがいいわけです。

ちなみに、問題 66 の文の中にある緑黄色野菜ということばや淡色野菜（緑黄色野菜以外の野菜）ということばも専門用語ですが、文章の中で専門用語を用いた場合には、学術的な意味合いが間違って受け取られることのないよう、特に書き方に注意する必要があります。理工学の分野に限らず、経済学や社会学などの分野も含めて、専門的な解説文などを書く機会があったときには、くれぐれも注意するようにしてください。

●範囲を表すことばの使い方を正しく

それから、先の問題 66 からも、意味合いを明確にする上ではそれぞれの分類の中にどれとどれが含まれているのか、はっきり理解できるような書き方をしなければいけないということがわかりますが、「含まれているのか、含まれていないのか」というようなことに対しては、「〜以上」とか「〜以下」などという、範囲を表すことばを使うときにも注意が必要です。

それでは、ここで問題をだしますので、取り組んでみてください。

$\quad\quad *\quad\quad\quad\quad *\quad\quad\quad\quad *$

【問題 67】次の文は、範囲を表すことばの使い方がよくないので、意味合いを理解することができません。範囲を表すことばを正しく使って、意味合いが理解できる文に書き替えてください。

○これらの円板ですが、直径が 8 cm から 10 cm までの範囲に入るものだけを集め、8 cm 以下のものと 10 cm 以上のものは別にしてください。

$\quad\quad\quad\quad\quad\quad *$

§8 意味合いを明確にする

＜答の一例＞
○これらの円板ですが、<u>直径が8cmから10cmまでの範囲に入るものだけを集め、8cmに満たないものと10cmを超えるものは別にしてください</u>。

　　　　　＊　　　　　＊　　　　　＊

　いかがでしたでしょうか。問題67の文のような書き方がしてあると、直径が8cmと10cmの円板は集めるのか、それとも別にするのか、どう取り扱ったらいいのかが判断できません。これに対して、答の一例に示した文のような書き方がしてあれば、直径が8cmと10cmの円板は集めるのか、それとも別にするのか、間違えることはないはずです。それでは、範囲を表すことばの意味合いの問題をだしますので、取り組んでみましょう。

　　　　　＊　　　　　＊　　　　　＊

【問題68】次に示した表現には、範囲を表すことばが使われています。これらの表現の意味合いを答えてください。

○10cm以下の〜　　　　　○10gより重い〜
○20cm以上の〜　　　　　○20gより軽い〜
○10g未満の〜　　　　　　○10個以内の〜
○10gに満たない〜　　　　○5月10日以前の〜
○20gを超える〜　　　　　○10月20日以後の〜
○10cmから20cmまでの〜　○午前10時以降の〜

　　　　　　　　　　＊

＜答＝（　）内がことばの意味合い＞
○10cm以下の〜（＝10cmを含む）
○20cm以上の〜（＝20cmを含む）
○10g未満の〜（＝10gは含まない）
○10gに満たない〜（＝10gは含まない）
○20gを超える〜（＝20gは含まない）
○10cmから20cmまでの〜（＝10cmと20cmを含む）
○10gより重い〜（＝10gは含まない）
○20gより軽い〜（＝20gは含まない）
○10個以内の〜（＝10個を含む）

§8 意味合いを明確にする　　65

○5月10日以前の〜（＝5月10日を含む）
○10月20日以後の〜（＝10月20日を含む）
○午前10時以降の〜（＝午前10時を含む）
　　　　　＊　　　　　＊　　　　　＊
　いかがでしたでしょうか。範囲を表すことばにはいろんなものがあるわけですが、これらのことばを使うときは、意味合いを間違えることのないよう、くれぐれも注意するようにしてください。

●ほかの語句にかかることばは適切な使い方を
　さて、これまで、意味合いをはっきりさせるために注意しなければいけないことについていろいろ説明してきましたが、最後に「ほかの語句にかかることば」を取りあげて説明します。一例として、次に問題をひとつだします。
　　　　　＊　　　　　＊　　　　　＊
【問題 69】次の文は、ほかの語句にかかることばの使い方がよくないので、意味合いを理解する上で、まぎらわしいところがあります。ほかの語句にかかることばの使い方を問題がないものにして、意味合いがよくわかる文に書き替えてください。なお、意味合いが2通り考えられる場合には、書き方に応じた意味合いも答えてください。
○真っ赤な広い庭園の奥のほうに置いてある自転車に目がとまりました。
○年を追って増えてきた世界遺産関連情報を整理しました。
　　　　　　　　　　　＊
＜答の一例＞
○広い庭園の奥のほうに置いてある<u>真っ赤な</u>自転車に目がとまりました。
　（あるいは）
　<u>真っ赤な、</u>広い庭園の奥のほうに置いてある<u>自転車</u>に目がとまりました。
○<u>年を追って増えてきた、</u>世界遺産関連情報を整理しました。
〔増えてきたのは世界遺産に関連した情報、という意味合いになります。〕
　（あるいは）
　<u>世界遺産に関連した情報が年を追って増えてきたので、</u>整理しました。
〔増えてきたのは世界遺産に関連した情報、という意味合いになります。〕

(あるいは)
<u>世界遺産が年を追って増えてきたので、その関連情報を整理しました。</u>
〔増えてきたのは世界遺産、という意味合いになります。〕
(あるいは)
<u>「年を追って増えてきた世界遺産」関連情報を整理しました。</u>
〔増えてきたのは世界遺産、という意味合いになります。〕

    *   *   *

　いかがでしたでしょうか。問題 69 の最初の文でいえば、冒頭に「真っ赤な」という、ほかの語句にかかることばが使われていますが、「真っ赤な広い庭園」という部分だけで考えると、「そんな庭園があるのだろうか」という疑問がわいてきます。そして、文を読んでいくにしたがって、ようやく、「そうか。『真っ赤な』ということばは、『自転車』ということばにかかっていたんだ」ということに気がつきます。つまり、全体としては意味が通じるわけですが、このように最後まで読まないと意味合いがわからないような書き方は、まぎらわしいのでよくありません。

　これに対し、答の一例として示した文のようであれば、まぎらわしいところがありませんから、こういった書き方が好ましいわけです。

　次に、2 番目の文ですが、「年を追って増えてきた世界遺産関連情報」という部分を見てください。こういう書き方がしてあると、年を追って増えてきたのは世界遺産なのか、それとも世界遺産に関連した情報なのか、ということがよくわかりません。したがって、答の一例として示した文のようにすることで、意味合いのわかりにくさを解消しておくのがいいでしょう。

　また、この場合には「世界遺産関連情報」という表現も意味合いのわかりにくさに影響しているので、「年を追って増えてきたのは世界遺産である」というのであれば、答の一例の最後に示した文のように、特定の部分のことばをかぎかっこなどの符号でくくっておくというのもひとつの方法です。こうしておけば、意味合いが間違って受け取られることはありません。

　なお、ほかの語句にかかることばについては、このほかにもいろいろ注意しなければいけないことがあるため、次の § (セクション) でまとめてもう少し詳しく説明することにします。

§9　ことばのかかり方をはっきりさせる

●「かかり〜かかられ」の関係を明確に

　ひとつの文の中でほかの語句にかかることばを使った場合、ほかの語句がすなわち、かかられることばということになるわけですが、意味合いを明確にする上でも、これらのことばの「かかり〜かかられ」の関係、つまりことばのかかり方をはっきりさせておくことが大切になります。

　それでは、ことばのかかり方をはっきりさせておくことの大切さがわかる問題を次にだしますので、よく考えてみてください。

　　　　　　　＊　　　　　　　＊　　　　　　　＊

【問題70】次の文は、ことばのかかり方が特定できない書き方になっているので、意味合いも明確に把握することができません。ことばのかかり方をはっきりさせて、意味合いが明確に把握できる文に書き替えてください。また、書き替えた文における「美しい」ということばと「主な」ということばのかかり方についても、説明してください。
○美しい公園の花を撮影しました。
○インターネットを利用し、主な月刊誌の出版社を調べました。

　　　　　　　　　　　　　＊

＜答の一例＞
○<u>美しい公園で花を</u>撮影しました。
〔この場合は、「美しい」ということばは「公園」にかかっています。〕
　（あるいは）
　<u>公園の美しい花を</u>撮影しました。
〔この場合は、「美しい」ということばは「花」にかかっています。〕
○インターネットを利用し、<u>主な月刊誌について、その出版社を</u>調べました。
〔この場合は、「主な」ということばは「月刊誌」にかかっています。〕
　（あるいは）
　インターネットを利用し、<u>月刊誌を発行している主な出版社を</u>調べました。
〔この場合は、「主な」ということばは「出版社」にかかっています。〕

メモ：最初の文では、「美しい公園の花」と書いてあるため、「美しい」ということばは「公園」にかかっているのか、それとも「花」にかかっているのか、特定することができません。また、2番目の文では、「主な月刊誌の出版社」と書いてあるため、「主な」ということばは「月刊誌」にかかっているのか、それとも「出版社」にかかっているのか、特定することができません。したがって、いずれも答の一例に示したような書き方が必要です。

* * *

いかがでしたでしょうか。ことばのかかり方が明確になっていないと、意味合いも理解することができなくなるので、注意が必要です。

●長いものを先に

それから、ほかの語句にかかることばがひとつというのではなく、いくつもある場合には、それらのことばを書く順序が問題になってきます。順序が正しくないと、読者が判断に困ることがでてくるときもあるわけです。

一般に、ほかの語句にかかることばが文の中にいくつもある場合の書き方のポイントとしては、3つのことが考えられます。ひとつ目のポイントは、「ほかの語句にかかることばの中では、短いものより長いものを先に書く」ということです。これは日本語における一般的な書き方でもあるわけですが、次の問題に取り組んでいただければ、よくわかるのではないでしょうか。

* * *

【問題71】ほかの語句にかかることばの順序がよくない次の文を、読点を使わないで書き替えてください。最初の文では、「白い」・「綿菓子のような」・「青空の中に浮かんでいる」という3つのことばが「雲」にかかっているものとします。2番目の文では、「不思議な香りがする」・「今度の料理にはどうしても欠かすことのできない」という2つのことばが「香辛料」にかかっているものとします。

○白い綿菓子のような青空の中に浮かんでいる雲を眺めていました。
○不思議な香りがする今度の料理にはどうしても欠かすことのできない香辛料が届きました。

*

<答>
○青空の中に浮かんでいる綿菓子のような白い雲を眺めていました。
○今度の料理にはどうしても欠かすことのできない不思議な香りがする香辛料が届きました。

＊　　　　　＊　　　　　＊

　いかがでしたでしょうか。問題71の最初の文では、「白い」・「綿菓子のような」・「青空の中に浮かんでいる」という3つのことばが「雲」にかかっているわけですが、「白い綿菓子のような青空の中に浮かんでいる雲を〜」と書いてあった場合、読者の立場になればどうでしょうか。

　「白い綿菓子のような」という部分では、読者は「『白い綿菓子』みたいなんだな」と理解します。しかし、その次まで読み進んで、「白い綿菓子のような青空の中に」というところまでくると、「『綿菓子のような青空』とは、いったいどんな空なのだろうか」と疑問が生じてきます。そして、さらに読み進んで、「白い綿菓子のような青空の中に浮かんでいる雲」というところまでくると、今度は、「『白い』のは『綿菓子』なのだろうか、それとも『雲』なのだろうか」と考えこんでしまうはずです。

　どうしてこのようなことになるのかというと、それはほかの語句にかかることばの中で、短いものを先にもってきてしまったからです。もちろん、短いものを先にもってきても問題のないケースもありますが、一般的には、答に示した文のように、短いものより長いものを先にもってくる書き方が無難です。問題71の2番目の文でも、同じようなことがいえます。

　なお、問題71では文の書き替えに際して、「読点を使わないで」という条件をつけましたが、読点を使った場合には、ほかの語句にかかることばの順序を入れ替えなくても、問題は生じません。次に示す文のとおりですが、このような書き方ができるのも、日本語の微妙なところといえるでしょう。

＊　　　　　＊　　　　　＊

○白い、綿菓子のような、青空の中に浮かんでいる雲を眺めていました。
○不思議な香りがする、今度の料理にはどうしても欠かすことのできない香辛料が届きました。

＊　　　　　＊　　　　　＊

●重要性が高いものを先に

　次に、ほかの語句にかかることばがいくつもある場合の書き方の２つ目のポイントですが、それは「重要性が低いものより、重要性が高いものを先に書く」ということです。次に問題をだしますが、簡単ですから、これはすぐにわかるでしょう。

　　　　　　　＊　　　　　　　＊　　　　　　　＊

【問題72】ほかの語句にかかることばの順序がよくない次の文を書き替えてください。最初の文では「まちにまった」ということばより「わが国ではじめての」ということばのほうが、２番目の文では「大きい」ということばより「劇的な」ということばのほうが、それぞれ重要性が高いものとします。
○まちにまったわが国ではじめての快挙でした。
○大きい劇的な変化が生じました。

　　　　　　　　　　　　＊

＜答＞
○<u>わが国ではじめての</u>まちにまった快挙でした。
○<u>劇的な</u>大きい変化が生じました。

　　　　　　　＊　　　　　　　＊　　　　　　　＊

●強調したいものを先に

　最後に、ほかの語句にかかることばがいくつもある場合の書き方の３つ目のポイントですが、それは「強調したいものを先に書く」ということです。次に問題をだしますが、これも簡単ですから、すぐにわかるでしょう。

　　　　　　　＊　　　　　　　＊　　　　　　　＊

【問題73】ほかの語句にかかることばの順序がよくない次の文を書き替えてください。最初の文では「そのうちに」ということばより「きっと」ということばのほうを、２番目の文では「粒が大きくて」ということばより「とても甘い」ということばのほうを、それぞれ強調するものとします。ことばづかいを変えてもかまいません。
○アメリカに留学する話ですが、そのうちにきっと実現することでしょう。
○デザートにだされたのは、粒が大きくてとても甘いイチゴでした。

§9　ことばのかかり方をはっきりさせる

＊

＜答の一例＞
○アメリカに留学する話ですが、<u>きっとそのうちに実現する</u>ことでしょう。
○デザートにだされたのは、<u>とても甘くて粒が大きい</u>イチゴでした。
メモ：2番目の文では、ことばづかいも変えることになります。

＊　　　　＊　　　　＊

　なお、ほかの語句にかかることばがいくつもある場合の書き方の2つ目と3つ目のポイントは、ことばのかかり方を明確にするということには直接の関係はありません。しかしながら、「ほかの語句にかかることばも、より適切に使うのが好ましい」ということがいえるため、文章を作成する上では、やはり、これらのポイントにも注意するようにしたほうがいいでしょう。

§10 文脈をスムーズにする

●話の進め方をきちっとして

　文章の中における段落や文、語句などのつながり具合のことを文脈といいますが、文脈がスムーズな文章は、読みやすいというだけでなく、わかりやすいというのも間違いのないところです。したがって、文章を作成するときは、文脈がちぐはぐになることのないよう、くれぐれも注意しなければなりません。なぜなら、文脈がちぐはぐになっていると、読者が文章を読んでいる途中で立ち止まってしまうことにもなりかねないからです。文章を読んでいるときに、どのように理解したらいいのかと読者が考えこんだり、とまどったりするようなことになっては、わかりやすい文章とはいえなくなります。

　それでは、スムーズな文脈の文章とするにはどのようにすればいいのでしょうか。

　スムーズな文脈の文章というものを考えた場合、一般には全体の構成、いいかえれば文章中におけるストーリーの展開の仕方とか話の進め方とかいうようなものをまずきちっとしたものにしておき、その上で段落にも文にも、さらにはまた文中の語句にも、さまざまな注意を払うことが必要になってきます。

●話の展開を妨げない段落構成に

　段落のことでいえば、段落を変えるたびに説明の内容もころころと変えるようなこと、つまり話を二転、三転させるようなことはしないほうがいいといえます。それに、文章全体を通じてひとつの話を展開していくわけですから、段落と段落の間に、話の展開とはまったく無関係な内容の段落を入れるようなことも、しないほうがいいといえます。それでは、ここで問題をだしますので、取り組んでみてください。

＊　　　　　＊　　　　　＊

【問題74】次の文章は、話の展開に無関係な内容の段落が入っていることもあって、段落のつながりがよくないため、文脈がスムーズではありません。

§10 文脈をスムーズにする

　段落のつながりをよくして、文脈をスムーズにするには、どのようにすればいいのでしょうか。
○「江ノ電」の愛称で親しまれている江ノ島電気鉄道の路線は、神奈川県の藤沢駅から鎌倉駅までのおよそ10kmです。江ノ電の歴史は古く、1902年（明治35年）に藤沢駅〜江ノ島駅（当時は片瀬駅）間が開業したのがはじまりです。わが国では6番目の開業となる電気鉄道でした。1910年（明治43年）には、藤沢駅から鎌倉駅（当時は小町駅）までの全線が開通しました。

　鎌倉幕府（1185〜1333年）の初代将軍、源頼朝（みなもとのよりとも）は鎌倉の地に幕府を開いたのですが、それは山と海に囲まれた環境が要塞（ようさい）と海運基地の役割を果たしていたというのも、大きな理由のひとつといわれています。

　現在の江ノ電は、沿線の住民にとって通勤や通学に欠かせない存在であるだけでなく、観光客にも高い人気をほこっています。江ノ電ではさまざまなアイデア電車を走らせていますが、いずれもたいへん好評です。中でも、「ワイン電車」や「ビール電車」の人気が高く、予約がすぐいっぱいになります。

　開業以来、1世紀にわたって、湘南（しょうなん）の海風を受けながら、相模（さがみ）湾沿岸を通って藤沢から鎌倉までを走り続ける江ノ電。沿線には名所旧跡も多く、江ノ電は観光面などで、輸送の使命をこえた役割も担っているといえるでしょう。

　　　　　　　　　　　　　　＊

＜答＞
○2番目の段落〔＝「鎌倉幕府（1185〜1333年）の〜といわれています。」の部分〕を削除します。

　　　　　　　＊　　　　　　＊　　　　　　＊

　いかがでしたでしょうか。問題74の文章を読むと、話の展開が途中で途切れている感じを受けるはずですが、それは、1番目と3番目、4番目の段落の間にはつながりがあるものの、それらの段落で述べられている内容とは関係のないことについて述べた段落が2番目に入っているからです。したがって、答に示したように、この2番目の段落を削除すれば、話の展開がスムー

ズになって問題はなくなります。

　次に、個々の段落でいうと、その中で展開されている話の内容とは関係のないことについて述べた文を入れることのないようにしなければなりません。それでは、また問題をだしますので、取り組んでみてください。

＊　　　　　＊　　　　　＊

【問題75】次の文章は、展開されている話の内容とは関係のない文が段落の中に入っていることもあって、文脈がスムーズではありません。文脈をスムーズにするには、どのようにすればいいのでしょうか。

○豆腐は中国で生まれた食品で、その起源についてはさまざまな説があるものの、少なくとも唐の時代（618～907年）の中期頃にはつくられていたようです。わが国へは奈良時代（710～794年）に、遣唐使の僧侶によって伝えられたといわれていますが、明確な記録が残っているわけではありません。

　わが国に豆腐が伝えられた当初は、僧侶の精進料理として食されていました。その後、貴族や武家の世界に広まり、室町時代には全国的に広まっていったようです。そして、江戸時代になると、庶民の食生活に本格的に取り入れられるようになりました。

　「豆腐百珍」（とうふひゃくちん）という、江戸時代に刊行された豆腐料理の本があります。このように、わが国においても千有余年の伝統をもつ豆腐は、昔から長寿食といわれてきたことからもわかりますが、各種の栄養素を含んでいて、しかも消化がよく、文字通りの健康食品といえるでしょう。近年では欧米などでも、"ヘルシーフーズ"としての評価が高まっており、「TOFU」はいまや世界で通用することばになっています。

＊

<答>
○3番目の段落の中にある最初の文〔＝「豆腐百珍」（とうふひゃくちん）とい
う～本があります。〕を削除します。

＊　　　　　＊　　　　　＊

　いかがでしたでしょうか。問題75からも、話の内容に関係のない文が段落の中にひとつ入るだけで、話の展開が悪くなり、全体がわかりにくくなってしまうということが理解できたのではないでしょうか。

§10 文脈をスムーズにする

●ほかの語句にかかることばや前置きのことばは長すぎないように

　文脈をスムーズなものとするためには、段落のこともさることながら、段落を構成する一つひとつの文についても、ことばの使い方などでいろいろ注意しなければならないことがあります。たとえば、§8で説明した「述語に対応する主語をはっきりさせておく」とか「読点の使い方を間違えないようにする」とかいったこと、あるいはまた§9で説明した「ほかの語句にかかることばを使ったときの『かかり〜かかられ』の関係をはっきりさせておく」といったことなどにも、当然、注意が必要です。

　ほかの語句にかかることばの使い方については、§8と§9でもある程度、説明しましたが、別な観点からもう少し説明することにします。

　かかることばとかかられることばを考えた場合、日本語では、かかることばを前にもってきて、かかられることばを後ろにもってくるのが一般的です。このため、ほかの語句にかかることばで長いものをいくつも使うと、かかることばの分量が増えてしまい、かかられることばがなかなかでてこないということにもなります。当然、文脈が乱れてくるというか、話がごちゃごちゃになってきて、全体の意味もわかりにくくなってしまいます。したがって、ほかの語句にかかることばの分量が多すぎると感じた場合は、無理をしてひとつの文で書くようなことをしないで、2つ以上の文に分割することを考えるのがいいでしょう。次の問題で確認してみてください。

　　　　　　　　＊　　　　　　＊　　　　　　＊

【問題 76】次の文は、「琵琶湖」という語句にかかることばの分量が多すぎるため、文脈がスムーズとはいえないところもあります。いくつかの文に分割してもかまいませんので、もっとスムーズな文脈のものに書き替えてください。

○いまからおよそ400万年前、現在の三重県の上野盆地付近に誕生し（誕生直後のものは、いわゆる古琵琶湖）、地殻の隆起や沈降といった変動を受けて、何度も現れたり消えたりしながら、少しずつ北へ移動して現在の位置にたどりついたといわれる、平均深度が41mほどで、面積がわが国の湖の中でも最大の670km²ほどもある琵琶湖は、世界でわずかに10か所ほどしか確認されていない非常に貴重な古代湖のひとつです。

§10 文脈をスムーズにする

＊

＜答の一例＞

○いまからおよそ400万年前に誕生した琵琶湖は、世界でわずかに10か所ほどしか確認されていない非常に貴重な古代湖のひとつです。琵琶湖は、当初、現在の三重県の上野盆地付近に誕生しました（誕生直後のものは、いわゆる古琵琶湖）。そして、地殻の隆起や沈降といった変動を受けて気の遠くなるような時間をかけ、何度も現れたり消えたりしながら、少しずつ北へ移動して現在の位置にたどりついたといわれています。平均深度は41mほどで、面積はわが国の湖の中でも最大の670km²ほどもあります。

＊　　＊　　＊

いかがでしたでしょうか。問題76の文では、「いまから〜」にはじまって「〜ほどもある」までのことばが「琵琶湖」にかかっていますが、かかることばの分量がこれだけ多いと、読んでいる途中で「はて、なんのことについて話をしているんだろう」と疑問が生じてくることにもなりかねません。当然、文脈もスムーズであるとはいえなくなります。これに対し、答の一例として示したものでは、文脈がスムーズで、読んでいても意味がわかりやすく、問題文との違いがよくわかるはずです。

なお、ほかの語句にかかることばは、前置きのことばのような感じで使われるときもあります。したがって、文脈をスムーズにするには、前置きのことばをあまり長くしないほうがいい、ということもいえます。次に問題をだしますので、考えてみてください。

＊　　＊　　＊

【問題77】次の文は、前置きのことばの分量が多すぎるため、文脈がスムーズとはいえないところもあります。いくつかの文に分割してもかまいませんので、もっとスムーズな文脈のものに書き替えてください。

○コロラド川の侵食によって形成された、実に東京〜米原（まいばら）間に匹敵する距離である443kmもの長さをほこる峡谷の壮大さと、一日の中でも日の出と日の入りの時刻に峡谷に映る色の変化が特にすばらしいというその美しさを前にすると、"悠久の時の流れ"に想いをはせながら、人間はいかにちっぽけな存在であるかを実感することになる、といわれているので

すが、アメリカのアリゾナ州にあるグランドキャニオンの観光は、今回の旅程には含まれていません。

＊

＜答の一例＞
○<u>アメリカのアリゾナ州にあるグランドキャニオン</u>の観光は、今回の旅程には含まれていません。ちなみに、<u>コロラド川の侵食によって形成されたグランドキャニオン</u>は、実に東京〜米原（まいばら）間に匹敵する距離である443kmもの長さをほこる峡谷です。また、一日の中でも、日の出と日の入りの時刻に峡谷に映る色の変化が特にすばらしいといいます。グランドキャニオンの壮大さと美しさを前にすると、"悠久の時の流れ"に想いをはせながら、人間はいかにちっぽけな存在であるかを実感することになる、といわれています。

＊　　　　＊　　　　＊

いかがでしたでしょうか。問題77の文では、「コロラド川の〜」にはじまって「〜いわれているのですが」までのことばが「観光の旅程に入っていないグランドキャニオン」に対する前置きのことばということになります。しかし、これだけ前置きのことばが長くなると、「要するに、何をいいたいのだろう」ということになってしまいます。これに対し、答の一例として示したものでは、文脈上の問題はなく、読んでいても意味がわかりやすいはずです。

●指示語の対象となることがらを明確に

それから、ことばのかかり方ですが、「かかることばがあり、一方でかかられることばがある」わけですから、いわば、ことばとことばの関係ということにもなります。このような、ことばとことばの関係ということでは、指示語を使うときにも注意が必要です。

指示語というのは、ものごとやことがらなどを指し示すはたらきのあることばのことで、具体的にいえば「この」・「あの」・「その」・「これ」・「あれ」・「それ」・「ここ」・「あそこ」・「そこ」・「こちら」・「あちら」・「そちら」などといった、いろんなことばがあります。このような指示語を使う場合は、その対象となるものごとやことがらなどがよくわかるようにしてお

かないと、読者は判断に迷うことになってしまいます。次の問題に取り組んでいただければ、よくわかるのではないでしょうか。

＊　　　＊　　　＊

【問題78】次の文は、指示語の対象がわかりにくいため、文脈がスムーズとはいえません。もっとスムーズな文脈の文に書き替えてください。
○ガラスケースの中には煎茶や番茶、ほうじ茶、茎茶、玉露、抹茶などの日本茶だけでなく、ウーロン茶やジャスミン茶、菊花茶、鉄観音茶、プーアール茶などの中国茶もあったので、これらのお茶について、特徴を詳しく調べることにしました。

＊

＜答の一例＞
○ガラスケースの中には煎茶や番茶、ほうじ茶、茎茶、玉露、抹茶などの日本茶だけでなく、ウーロン茶やジャスミン茶、菊花茶、鉄観音茶、プーアール茶などの中国茶もあったので、<u>これらの中の各種の中国茶について</u>、特徴を詳しく調べることにしました。
（あるいは）
○ガラスケースの中には煎茶や番茶、ほうじ茶、茎茶、玉露、抹茶などの日本茶だけでなく、ウーロン茶やジャスミン茶、菊花茶、鉄観音茶、プーアール茶などの中国茶もあったので、<u>これらの各種の日本茶と中国茶について</u>、特徴を詳しく調べることにしました。
メモ：答の一例に示した最初の文では「特徴を詳しく調べるのは、各種の中国茶だけである」ことが、2番目の文では「特徴を詳しく調べるのは、各種の日本茶と中国茶の両方である」ことが、それぞれよくわかります。

＊　　　＊　　　＊

　いかがでしたでしょうか。問題78の文では、「これらのお茶について」という部分で、「これらのお茶」が各種の中国茶だけを指しているのか、それとも各種の日本茶と中国茶の両方を指しているのか、少しわかりにくいところがあります。これに対し、答の一例として示した文では、いずれの書き方であっても、特徴を詳しく調べるお茶の対象がよくわかるので、読者も判断に迷うことがありません。文脈にはなんら問題のない書き方です。

§10 文脈をスムーズにする

● 同じ表現や同じ意味合いの語句の使いすぎに注意を

　ただ、ひとつ注意しておきますが、「いろいろ気をつけなければならないことがありそうだから、なるべく指示語は使わないでおこう」とだけは、考えないほうがいいでしょう。このことは、次の問題でもよくわかるはずです。

＊　　　　　　＊　　　　　　＊

【問題79】スムーズな文脈というものを考えた場合、同じ表現の語句を繰り返して使っている次の文は、わずらわしいところもあって、書き方がよいとはいえません。問題点のない文に書き替えてください。
○私がよくでかける大きなショッピングセンターの一角に、10軒のラーメン店が軒先を連ねているところがありますが、10軒のラーメン店が軒先を連ねているところはラーメン横丁と呼ばれています。

＊

＜答の一例＞
○私がよくでかける大きなショッピングセンターの一角に、10軒のラーメン店が軒先を連ねているところがありますが、そこはラーメン横丁と呼ばれています。

＊　　　　　　＊　　　　　　＊

　いかがでしたでしょうか。問題79の文は、「10軒のラーメン店が軒先を連ねているところ」という表現の語句を繰り返して使っているので、読んだときにわずらわしさを感じるはずです。一方、答の一例として示した文では、「そこ」という指示語をうまく使っているので、文脈がスッキリしています。

　それから、同じ表現の語句を繰り返して使うと文脈にスムーズさがなくなってくるということは、指示語の使い方が関係してくるというのとは違った場面でもいえるときがあります。一例として、次に問題をだしますので、取り組んでみてください。特にむずかしくはありません。

＊　　　　　　＊　　　　　　＊

【問題80】スムーズな文脈というものを考えた場合、同じ表現の語句を繰り返して使っている次の文は、わずらわしいところもあって、書き方がよいとはいえません。問題点のない文に書き替えてください。
○セーターにアイロン掛けしてからタオルにアイロン掛けして、最後にハン

カチにアイロン掛けして作業は終わりです。
○こちらに飛んでくるスギ花粉の量ですが、きょうのスギ花粉の量はきのうのスギ花粉の量よりやや少ないものの、あすのスギ花粉の量は非常に多くなるという予測がでています。

　　　　　　　　　　　＊

＜答の一例＞
○<u>セーター、タオル、ハンカチの順に</u>アイロン掛けして作業は終わりです。
○こちらに飛んでくるスギ花粉の量ですが、<u>きょうはきのうよりやや少ないものの、あすは非常に多くなる</u>という予測がでています。

　　　　＊　　　　＊　　　　＊

　また、同じ表現の語句というわけではありませんが、同じ意味合いの語句についても、同時に２つ使うと、いっていることが重複した感じになってわずらわしくなり、文脈がスムーズではなくなってくるため、注意が必要です。一例として、次に問題をだしますので、取り組んでみてください。これも、特にむずかしくはありません。

　　　　＊　　　　＊　　　　＊

【問題81】スムーズな文脈というものを考えた場合、同じ意味合いの語句を同時に２つ使っている次の文は、わずらわしいところもあって、書き方がよいとはいえません。問題点のない文に書き替えてください。
○歩いていっても、ほぼ10分程度で駅に着くことができます。
○上下に上げ下げして振られている旗が目印です。

　　　　　　　　　　　＊

＜答の一例＞
○歩いていっても、<u>ほぼ10分</u>で駅に着くことができます。
　（あるいは）
　　歩いていっても、<u>10分程度</u>で駅に着くことができます。
○<u>上下に</u>振られている旗が目印です。
　（あるいは）
　　<u>上げ下げして</u>振られている旗が目印です。

　　　　＊　　　　＊　　　　＊

●同じことばをいくつも使って長い文にしないように

　それから、ある意味ではこれも「同じ表現の語句を繰り返して使わないように」ということのひとつの例といえますが、「～が」とか「～ので」とかいうようなことばに対して、「前のことばを後ろのことばに接続して、前のことばの意味を後ろのことばに続ける」という使い方をするときにも注意が必要です。具体的にいえば、次のような使い方をするときです。

　　　　　　＊　　　　　　＊　　　　　　＊
○図書館へ行きました<u>が</u>、まだ開いていませんでした。
○晴れてきた<u>ので</u>、出発することにしました。
　　　　　　＊　　　　　　＊　　　　　　＊

　ひとつの文の中でこういった使い方をする「～が」や「～ので」などのことばをいくつも用いて長い文にすると、文脈が乱れてくることにもなるため、注意が必要です。

　ちなみに、「～が」や「～ので」といったことばの使い方については、§6でも一度、問題に取りあげました（問題49・問題50参照）が、このときは「リズム感を考えれば、読点の前に『～が』や『～ので』などといったことばを使った文を連続させるのはよくない」というものでした。

　今回は、それとは違って、「ひとつの文の中で『～が』や『～ので』などといったことばをいくつも使って長い文にすると、文脈が乱れてくるので、注意しなければいけない」という話です。具体的な例をあげればよくわかるはずですから、次の2つの問題に取り組んでみてください。

　　　　　　＊　　　　　　＊　　　　　　＊

【問題82】スムーズな文脈というものを考えた場合、「～が」ということばをいくつも使っている次の長い文は、書き方がよいとはいえません。ことばづかいを変えた上で、文を分割してもかまいませんから、問題点のないものに書き替えてください。
○東京の地下鉄の一日乗車券を使って都内へ遊びにでかけたのですが、一度、見てみたいと思っていたこともあって、最初は神宮外苑という大きな公園に行きましたが、そこは2時間ほどでだいたいのところを見ることができたことから、今度はなかなか訪れる機会のなかったテレビ局が入っている

ビルへ行きましたが、そこもあちこち見てビルの外へでてきたときのことですが、偶然にもビルの前の広場でまもなく天気予報の生中継が始まることがわかったため、時間までまってそれも見学しましたが、そうしたら、生中継が終わったあとで、テレビでときどき見かける気象予報士の方と直接、話を交(か)わす機会があり、短時間ではありましたが、いろいろ話をすることができたので、とても印象に残る小旅行となりました。

＊

＜答の一例＞
○東京の地下鉄の一日乗車券を使って、都内へ遊びにでかけました。最初に行ったのは、一度、見てみたいと思っていた神宮外苑という大きな公園です。神宮外苑は2時間ほどでだいたいのところを見ることができたので、今度は、なかなか訪れる機会のなかったテレビ局が入っているビルへ行きました。そして、そこもあちこち見てビルの外へでてきたところ、偶然にもビルの前の広場でまもなく天気予報の生中継が始まることがわかったため、時間までまってそれも見学したのです。そうしたら、生中継が終わったあとで、テレビでときどき見かける気象予報士の方と直接、話を交(か)わす機会があり、短時間ではありましたが、いろいろ話をすることができたので、とても印象に残る小旅行となりました。

＊　　　＊　　　＊

【問題83】スムーズな文脈というものを考えた場合、「〜ので」ということばをいくつも使っている次の長い文は、書き方がよいとはいえません。ことばづかいを変えた上で、文を分割してもかまいませんから、問題点のないものに書き替えてください。

○公園にあるチューリップの花が見頃を迎えたという情報が入ったので、撮影するためにカメラをもってでかけたのですが、予想以上にいろいろな色のチューリップの花が咲いていたので、すぐには撮影ポイントを決めることができなかったので、いったんベンチに腰かけてしばらくの間、思案した末にやっと考えをまとめたので、ベンチから立ちあがって撮影ポイントまで歩いていってようやくチューリップの花を撮影することができたので、家へ戻りました。

＊

<答の一例>
○公園にあるチューリップの花が見頃を迎えたという情報が入ったので、撮影するためにカメラをもってでかけました。しかし、予想以上にいろいろな色のチューリップの花が咲いていたことから、すぐには撮影ポイントを決めることができませんでした。このため、いったんベンチに腰かけてしばらくの間、思案した末にやっと考えをまとめました。そして、ベンチから立ちあがって撮影ポイントまで歩いていき、ようやくチューリップの花を撮影することができたので、家へ戻りました。

＊　　　　　＊　　　　　＊

　いかがでしたでしょうか。「〜が」や「〜ので」などといったことばをいくつも使った文をときどき見かけますが、このような文は長くなるだけでなく、文脈がスムーズではなくなり、意味もわかりにくくなってしまう、ということが理解していただけたのではないでしょうか。
　このほか、「〜ため」とか「〜ために」とかいったことばでも、同じように「前のことばを後ろのことばに接続して、前のことばの意味を後ろのことばに続ける」という使い方をするときは、まったく同様なことがいえるので、注意が必要です。

●並列と選択の関係を明確に

　それでは次に、「と」・「や」・「とか」・「および」・「か」・「あるいは」・「または」・「ないしは」などという、前後の語句をつなぐことばが文脈に及ぼす影響というようなことについて説明します。ちなみに、これらのことばの中では、「と」・「や」・「とか」・「および」が「A and B」という並列の関係を、「か」・「あるいは」・「または」・「ないしは」が「A or B」という選択の関係を、それぞれ表すときに使うことばです。
　これらのことばですが、ひとつの文の中でいくつも使うと、文脈がスムーズではなくなり、「何と何が並列の関係にあり、そして選択の関係にあるのか」ということがわかりにくくなるときがあるので、注意が必要です。次の問題に取り組んで、よく考えてみてください。

＊　　　　　＊　　　　　＊

【問題84】スムーズな文脈というものを考えた場合、並列と選択の関係がわかりにくい次の文は、書き方がよいとはいえません。問題点のない文に書き替えてください。

○ショッピングセンターに新たに出店するラーメン店では、しょうゆ味および塩味ないしはみそ味のラーメンを計画しています。

＊

＜答の一例＞

○ショッピングセンターに新たに出店するラーメン店では、<u>しょうゆ味のほか、塩味ないしはみそ味のラーメンも</u>計画しています。

（あるいは）

○ショッピングセンターに新たに出店するラーメン店では、<u>次のラーメンを</u>計画しています。

- <u>しょうゆ味</u>
- <u>塩味ないしはみそ味</u>

（あるいは）

○ショッピングセンターに新たに出店するラーメン店では、<u>「しょうゆ味と塩味」、あるいは「みそ味だけ」のラーメンのどちらかを</u>計画しています。

メモ：計画されているラーメンは、答の一例として示した最初の文と2番目の文では「しょうゆ味」と「塩味ないしはみそ味」の2種類であることが、3番目の文では「しょうゆ味と塩味」の2種類か、あるいは「みそ味だけ」の1種類か、どちらかであることが、それぞれわかります。

＊　　　　　＊　　　　　＊

いかがでしたでしょうか。問題84の文のような書き方になっていると、計画されているラーメンの種類が特定しにくいですが、答の一例として示した文のようであれば、書き方によって意味合いに違いはあるものの、いずれの文も意味合いがはっきりわかります。こういった例からも理解できるように、文脈をスムーズなものにして、意味合いがよくわかるようにするには、並列と選択の関係を明確にしておくこともまた欠かせないわけです。

それから、問題84の答の一例として示した文の中で、2番目のものを見る

§10 文脈をスムーズにする

と、箇条書きを取り入れていることがわかります。並列と選択の関係を明確にする上では、このように「箇条書きを利用するのが有効なときもある」ので、覚えておくといいでしょう。

なお、このような箇条書きについて少し補足説明をしておきますが、一般に箇条書きをする場合、項目が多いときは、グループごとにまとめ、見出しをつけて書いたほうがよりわかりやすくなります。例をあげたほうが理解しやすいでしょうから、次に問題をひとつだすことにします。

＊　　　　　＊　　　　　＊

【問題85】スムーズな文脈というものを考えた場合、箇条書きの項目が多い次の文章は、書き方がよいとはいえません。問題点のない文章に書き替えてください。なお、野菜は、果菜類と葉菜類、そして根菜類の3種にわけられます。

○ショッピングセンターの中で売られている野菜を調べたら、次のようなものがありました。
　●コマツナ　●ホウレンソウ　●ハクサイ　●ダイコン　●ピーマン　●ネギ
　●ゴボウ　　●ジャガイモ　　●キャベツ　●ニンジン　●キュウリ　●トマト
　●カボチャ　●サツマイモ　　●ソラマメ　●ナス　　　●サトイモ　●レタス

＊

＜答の一例＞

○ショッピングセンターの中で売られている野菜を調べたら、次のようなものがありました。
　□果菜類
　　●キュウリ　●トマト　●カボチャ　●ソラマメ　●ピーマン　●ナス
　□葉菜類
　　●コマツナ　●レタス　●ハクサイ　●キャベツ　●ホウレンソウ　●ネギ
　□根菜類
　　●ダイコン　●ゴボウ　●ニンジン　●サトイモ　●ジャガイモ　●サツマイモ

メモ：関連のある項目を集めてグループ化できる場合は、グループごとにまとめて書くほうがわかりやすくなり、当然、文脈上の問題もなくなります。

＊　　　　　＊　　　　　＊

§11 漢字とかなの使い方をくふうする

● **漢字とかなについて**

　漢字は中国で生まれた文字で、その起源は古く、紀元前10数世紀にまでさかのぼるといわれています。日本では、もともと文字がなかったので、中国から伝わった漢字が最初に使われた文字ということになります。

　およそ5万字があるといわれている漢字ですが、この中で実際に使われているのは、およそ4000字とも、5000字ともいわれています。ちなみに、読売新聞社が実施した「新聞における漢字の使用頻度の調査」では、およそ4546字だったという結果が得られているので、データによってもそういったことが裏づけられているわけです〔出所：1999年（平成11年）10月18日の「読売新聞」朝刊、調査対象は読売新聞社の東京本社と中部本社が発行した「読売新聞」の朝刊（地域版を含む）と夕刊における記事と見出し、調査期間は1999年（平成11年）7月1日～8月31日の2か月間〕。

　さて、漢字に関連した歴史を調べると、当用漢字と常用漢字ということばがみつかるはずですが、ここで問題です。

　　　　　＊　　　　　　＊　　　　　　＊

【問題86】当用漢字とは、どのようなものでしょうか。

　　　　　　　　　　＊

＜答＞

○わが国において1946年（昭和21年）に、一般の社会生活でふだん用いる漢字の目安になるものとして定められた1850字の漢字です。

　　　　　＊　　　　　　＊　　　　　　＊

【問題87】最初に制定された常用漢字とは、どのようなものでしょうか。

　　　　　　　　　　＊

＜答＞

○当用漢字に対するさまざまな意見をふまえ、1981年（昭和56年）に、当用漢字に新たに95字の漢字を追加して定められた1945字の漢字です。

　　　　　＊　　　　　　＊　　　　　　＊

§11 漢字とかなの使い方をくふうする

いかがでしたでしょうか。それでは、ここでまた問題です。

　　　　　　＊　　　　　　＊　　　　　　＊

【問題88】JIS（Japanese Industrial Standards、日本工業規格）でも、漢字を定めているでしょうか。

　　　　　　　　　　　　　＊

＜答＞
○定めています。
メモ：JISが定めている漢字は、パソコンなどの情報機器で使う漢字です。

　　　　　　＊　　　　　　＊　　　　　　＊

　問題88の答にあるように、JISでも漢字を定めていますが、JISが定めている漢字には、第1水準（2965字）・第2水準（3390字）というものに加えて、第3水準（1259字）・第4水準（2436字）というものまであります。使われる頻度が高いといわれる第1水準の漢字が2965字ですから、これだけでも常用漢字の総数を大幅に超えています。なお、1981年（昭和56年）に制定された常用漢字ですが、「パソコンなどでは、読み方がわかっている漢字であれば、ひらがなを変換することで容易に表記できる」というようなことなどがあるため、情報機器の普及に伴って見直しの議論がよくされるようになり、2010年（平成22年）に改定されました。改定後の常用漢字は、旧常用漢字から5字を削除して新たに196字を追加した結果、2136字となりました。

　次に、漢字に対するかなですが、いうまでもなく、これにはひらがなとカタカナがあります。先ほど、中国で生まれた漢字が日本に伝わり、そして使われるようになったと説明しましたが、日本語を漢字だけで書き表すには、ちょっと不便なところがありました。このため、日本ではさまざまなくふうが重ねられ、その結果、ひらがなとカタカナがつくりだされたのです。

　それでは、ひらがなとカタカナの問題です。

　　　　　　＊　　　　　　＊　　　　　　＊

【問題89】ひらがなとカタカナは、何からつくりだされたのでしょうか。

　　　　　　　　　　　　　＊

＜答＞
○ひらがなは草書という書体の漢字をさらに簡略化してつくりだされ、カタ

カナは偏（へん）や旁（つくり）など、漢字の一部分をとってつくりだされました。

メモ：漢字の書体には、楷書（かいしょ）や行書（ぎょうしょ）、そしてひらがなの元になった草書（そうしょ）など、いろいろなものがあります。楷書は漢字をかたちづくっている点や画（かく）を正確に書いて表したもの、行書は楷書を少しくずして書いたもの、草書は行書をさらにくずして書いたものです。

＊　　　　　＊　　　　　＊

● **漢字は正しく**

　さきほど説明したように、常用漢字だけでも 2136 字あるため、一口に漢字といってもさまざまで、中にはあまり使わない漢字やむずかしい漢字もあります。そういった漢字を書くときは、うろ覚えのまま書いたりすると、結果として間違えてしまうというようなことが起こり得るので、注意が必要です。ありふれた漢字も含めて、書いた漢字が正しいのかどうか、あまり自信がもてない場合には、国語辞典などを引いて確認するといいでしょう。それでは、漢字の問題をだしますので、取り組んでみてください。

＊　　　　　＊　　　　　＊

【問題90】2つずつ書いてある次の漢字の語句ですが、正しいのはそれぞれどちらでしょうか。

○異句同音・異口同音	○魚獲量・漁獲量	○天守閣・天主閣
○意思表示・意志表示	○群衆心理・群集心理	○謄本・謄本
○一緒・一諸	○減価償却・原価償却	○年小・年少
○異和感・違和感	○顧問・顧門	○不文律・不分律
○引卒・引率	○自我自賛・自画自賛	○粉飾・紛飾
○温故知新・温古知新	○縮小・縮少	○放慢・放漫
○過少評価・過小評価	○人事移動・人事異動	○包容力・抱容力
○貨幣・貨弊	○折衝・接衝	○漫心・慢心
○完璧・完壁	○絶対絶命・絶体絶命	○黙秘権・黙否権
○危機一髪・危機一発	○卒直・率直	○礼儀・礼義

§11 漢字とかなの使い方をくふうする

＊

<答>
○異口同音　　○漁獲量　　○天守閣
○意思表示　　○群集心理　　○謄本
○一緒　　○減価償却　　○年少
○違和感　　○顧問　　○不文律
○引率　　○自画自賛　　○粉飾
○温故知新　　○縮小　　○放漫
○過小評価　　○人事異動　　○包容力
○貨幣　　○折衝　　○慢心
○完璧　　○絶体絶命　　○黙秘権
○危機一髪　　○率直　　○礼儀

＊　　＊　　＊

　いかがでしたでしょうか。漢字を書くときは、くれぐれも注意するようにしなければなりません。

●漢字とかなの割合は30〜40％対70〜60％程度に

　漢字は「見ただけでその意味がわかる」というようなことがあるため、便利には違いありません。しかし、漢字が多い文章では、かたい感じがでてきて読みにくくなるほか、国語辞典などで確認しないと読めない漢字にぶつかることもあります。

　逆に、かなが多い文章では、やわらかくなりすぎて読みにくくなるほか、いちいち意味を考えなければならないこともでてきます。別な意味合いでは、紙面（あるいは誌面）は漢字が多すぎると黒っぽい感じになり、かなが多すぎると白っぽい感じになります。こういった紙面（あるいは誌面）の感じも、読みやすさに影響してくるはずです。

　いろんなことがあるわけですが、文章中の漢字とかなの割合としては、一般には漢字：かな＝30〜40％：70〜60％程度がいちばん読みやすいといわれています。したがって、作成した文章を読み直していて、「漢字が多いな」と感じたときは、ことばづかいというか、いいまわしというか、そういったもの

を変えるということも考えてみる必要があります。たとえば、「不可欠です」ということばは「欠かせません」ということばに、「高速道路を走行中の自動車」ということばは「ハイウェイを走っている車」ということばにそれぞれ変えることで、漢字の数を減らすことができます。よく考えれば、いろんな手直しの仕方が見つかるはずです。

　なお、内容的にみてかなが多くなる性格の文章の場合は、「無理に漢字を増やした結果、わかりにくい文章になってしまった」というようなことにだけはならないよう、くれぐれも注意するようにしてください。漢字の割合が30%を切って、たとえば25%くらいになっていたとしても、やむを得ないときはあります。

　それでは、「どちらかといえば」ということになるかもしれませんが、読みにくい例として漢字が多い文章とかなが多い文章を、読みやすい例として漢字とかなの割合のバランスがとれた文章を、それぞれ次に示します。

＊　　　　　＊　　　　　＊

＜読みにくい文章の例＞
○漢字が多い文章（本例は漢字：かな≒61%：39%）
　軽自動車は低燃費と低価格、小回りの良さが特徴ですが、新登場の高級感あふれる軽自動車は、最高速度表示装置が後部座席の後ろにも設置され、絢爛豪華といえる程の重厚な仕上げの内装が魅力的で、走行性も抜群です。高強度の特殊な軽鋼板を多用した車体も、特徴の一つです。試乗した結果、優れた特徴が大変良く実感できました。

○かなが多い文章（本例は漢字：かな≒12%：88%）
　軽じどうしゃは低ねんぴと低かかく、小回りのよさがとくちょうですが、しんとうじょうのこうきゅう感あふれる軽じどうしゃは、さいこう速度ひょうじそうちが後部ざせきの後ろにもせっちされ、けんらんごうかといえるほどのじゅうこうなしあげのないそうがみりょく的で、そうこう性もばつぐんです。高きょうどのとくしゅな軽こうはんを多用した車体も、とくちょうの一つです。しじょうした結果、すぐれたとくちょうがたいへんよくじっかんできました。

（漢字とかなの使い方は違いますが、これらはいずれも同じ文章です。）

§11 漢字とかなの使い方をくふうする

＊

＜読みやすい文章の例＞
○漢字とかなの割合のバランスがとれた文章（本例は漢字：かな≒38％：62％）
　軽自動車はすぐれた燃費と低価格、小回りのよさが特徴ですが、新たに登場した高級感あふれる軽自動車は、最高速度を表示する装置が後部座席の後ろにも設けられ、さらにはけんらん豪華といえるほどの重厚なしあげになっている内装も魅力的で、走行性もたいへんすぐれています。高強度の特殊な軽い鋼板を車体に多く用いているのも、特徴のひとつです。試乗してみたところ、すぐれた特徴がたいへんよく実感できました。
（一部のことばづかいは違いますが、内容的には前ページの文章と同じです。）

＊　　　　　　＊　　　　　　＊

　いかがでしたでしょうか。漢字とかなの割合が読みやすさに及ぼす影響というようなものが、理解できたのではないでしょうか。

●場合によってはかな書きで

　文章中の漢字とかなの割合にも影響してきますが、常用漢字は、かなではなく、いつも漢字で書かなければいけないのかというと、必ずしもそうではありません。常用漢字であっても、場合によってはかなで書いてもいいわけです。ある語句を常用漢字とかなのどちらで書くかということに対しては、明確な基準があるわけではありませんが、読みやすさを優先して考えればいいのではないでしょうか。
　一例をあげますが、「又」・「但し」・「例えば」・「且つ」・「更に」・「奇麗な」などといった語句は、「また」・「ただし」・「たとえば」・「かつ」・「さらに」・「きれいな」などというようにかなで書いたほうが読みやすいですし、当て字がよく使われる「美味しい」・「目出度い」などといった語句も、「おいしい」・「めでたい」などというようにかなで書いたほうが読みやすいといえます。
　このほかにも、かなで書いたほうが読みやすい語句はたくさんありますが、経験を積めば、常用漢字とかなのどちらで書くかという判断がある程度、できるようになるでしょう。

●漢字とかなのどちらで書くかということを統一して

　それから、漢字とかなのどちらで書くかということに関連して、もうひとつのことを説明しておきます。それはどういうことかというと、文章の中では書き方を統一しておく必要があるということです。具体的にいうと、たとえば文章の中において「かたち」ということばを使う場合は、あるときは漢字で「形」と書き、あるときはかなで「かたち」と書く、というようなことをしてはいけないわけです。最初に漢字の「形」を使ったら、最後まで漢字の「形」で書き通します。なぜかといえば、「あそこは漢字で書いてあったのに、ここはかなで書いてあるというのは、何か意味があるのだろうか」などと、読者が考えこむようなことになってはいけないからです。

　話がまったくよこ道にそれますが、ちょうどいい折ですので、書き方を統一するということに関連して、もうひとつのことを説明しておきます。説明に先だって、問題をひとつだしますので、取り組んでみてください。皆さんもなにげなく使っている用語の問題です。

＊　　　　＊　　　　＊

【問題91】次のA群とB群の用語ですが、どちらが慣用的に使われている書き方で、どちらがJIS（Japanese Industrial Standards、日本工業規格）に定められている書き方でしょうか。

A群：○コンピュータ　　　　B群：○コンピューター
　　　○エレベータ　　　　　　　○エレベーター
　　　○モータ　　　　　　　　　○モーター
　　　○光ファイバ　　　　　　　○光ファイバー
　　　○パラメータ　　　　　　　○パラメーター

＊

<答>
○A群がJISに定められている書き方、B群が慣用的に使われている書き方です。

＊　　　　＊　　　　＊

　いかがでしたでしょうか。一般に、用語の書き方には、JISに定められているものと慣用的に使われているものの2種類があります。これらの書き方

については、どちらによってもいいことになっていますが、あるときは「コンピュータ」と書き、あるときは「コンピューター」と書くようなことは、しないほうがいいでしょう。つまり、ひとつの文章の中では、「漢字で書くか、かなで書くか」ということを統一するのが好ましいように、用語の書き方についても統一するのが好ましいわけです。

●交ぜ書きも用いて

それでは次に、漢字だけで書くことができる語句をかなを交えて書くという、いわゆる交(ま)ぜ書きについて説明します。むずかしい漢字や読みにくい漢字が含まれている語句を使う場合、交ぜ書きをするときがありますが、これに対する見方は2つにわかれているようです。

つまり、読みやすくなるから交ぜ書きをしてもかまわないという見方がある一方で、逆に読みにくくなってみた目もきれいでなくなるからやめたほうがいいという見方もあります。2つの見方があるということは、"どちらがいいともいいきれない"ところがあるわけです。

それではどうしたらいいのかということになりますが、「読んでいくときに一瞬でもとまどったり、ためらったりすることのないように配慮して判断する」のがいいのではないでしょうか。具体的な例をあげると、たとえば「醬油」や「石鹼」ということばは、「しょう油」や「石けん」と書いたほうが読みやすいですし、そう書いてもなんら問題はありません。

●ふりがなをつける配慮を

むずかしい漢字や読みにくい漢字では、交ぜ書きをするということだけでなく、「漢字で書いた上で、ふりがなをつけておく」ということを考えてもかまいません。

一般に、漢字の中には、むずかしいけれどもかなで書いてしまってはふんいきがでない、というようなものもあります。したがって、そういったものに対しては、むしろ漢字で書いて、ふりがなをつけておくか、あるいはその後ろにかっこでくくって読み方を書いておくのがいいでしょう。どう読んだらいいのか、読み方がわかりにくい漢字も同様ですし、漢字で書かれた専門

用語や市町村名、地名、人名などで、読み方がわかりにくい場合も同様です。
　ちなみに、むずかしい漢字や読み方がわかりにくい漢字に対して、ふりがなをつけたり、あるいはその後ろにかっこでくくって読み方を書いたりするということには、「読者が文章をすらすらと読んでいけるように」という配慮だけでなく、もうひとつの意味合いがあります。それはどういうことなのでしょうか。次にいくつかの例をあげますから、それを見ながら考えてみてください。

＊　　　　　＊　　　　　＊

＜漢字にふりがなをつけた例＞
○代表的な漢方薬のひとつに、葛根湯（かっこんとう）があります。
○あちこちから、毀誉褒貶（きよほうへん）の入り混じった声があがったのです。
○酒種（さかだね）パンと呼ばれるとてもおいしいパンがあります。
○西園寺公望（さいおんじきんもち）は、明治時代から大正時代にかけて、2度、内閣総理大臣を務めました。

＊

＜漢字の後ろにかっこでくくって読み方を書いた例＞
○ついに王道楽土（おうどうらくど）が実現したのです。
○2月のことを如月（きさらぎ）ともいいます。
○螺鈿紫檀五絃琵琶（らでんしたんのごげんびわ）は、奈良の正倉院にある代表的な宝物のひとつです。
○千葉県の我孫子（あびこ）市を訪れる機会がありました。

＊　　　　　＊　　　　　＊

　おわかりいただけたでしょうか。たとえば、この例の中にある2番目の文を見ると、「毀誉褒貶」というむずかしい漢字が使われています。このことばの意味を知りたいと思った場合、ふりがながつけてなく、しかも読み方がわからなければ、読み方から調べなければなりません。ところが、「きよほうへん」というふりがながつけてあれば、すぐに国語辞典などを引いて、その意味を確認することができます。つまり、むずかしい漢字や読み方がわかりにくい漢字に対して、読み方がわかるようにしてあれば、そのことばの意味を確認するのが容易になるわけですが、前述した「もうひとつの意味合い」と

いうのは、このようなことです。

　なお、ふりがなはルビともいいます。漢字にふりがなをつけるときは、たて書きの文章では漢字の右に、よこ書きの文章では漢字の上に、それぞれつけることになります。

　それから、漢字の読み方に関連して、つけ加えておきますが、「漢字に対して本来の読み方とは違った読み方をさせる」というときがあります。歌謡曲の歌詞などによくみられる例です。そういったときには、やはり、漢字の読み方がわかるようにしておくことが必要になります。一例をあげれば、次のような具合です。

　　　　　　　　＊　　　　　＊　　　　　＊
○横浜の女（ひと）　　　　○この地球（ほし）に
○理由（わけ）もなく　　　○真実（まこと）の愛
○歳月（とき）は流れて　　○時代（とき）をこえて
○わが人生（みち）は　　　○生活（くらし）の中で
○宇宙（そら）に輝く　　　○未来（あす）に向けて
　　　　　　　　＊　　　　　＊　　　　　＊

● 送りがなのつけ方をそろえて

　それでは次に、漢字の後ろにつける送りがなについて、少し説明します。一例をあげますが、「晴」や「曇」は、それぞれ「晴れ」や「曇り」という書き方もします。このように書いたときの「れ」や「り」が送りがなです。この送りがなのつけ方については、明治時代（1868〜1912年）以降、いくつかの基準がつくられてきましたが、さまざまな変遷を経て、1973年（昭和48年）に「送り仮名の付け方」が内閣告示として公布されました。そして、1981年（昭和56年）にこの一部が改正され、さらに2010年（平成22年）にもごく一部が改正されて、これが現在の基準になっています。

　内閣告示の「送り仮名の付け方」には、本則と例外、許容が示してあります。わかりやすくいえば、「基本的なものとして用いられる送りがなのつけ方」が本則、「本則に合わない、慣用的な送りがなのつけ方」が例外、「本則とともに使われている、慣用的な送りがなのつけ方」が許容です。

§11 漢字とかなの使い方をくふうする

　それでは、ここで送りがなのつけ方の問題をだしますので、取り組んでみましょう。

＊　　　　　＊　　　　　＊

【問題92】2つずつ書いてある次のことばですが、送りがなのつけ方としては、それぞれどちらが本則で、どちらが許容でしょうか。

○行う・行なう　　○聞える・聞こえる　　○曇り・曇
○表わす・表す　　○終わる・終る　　　　○晴・晴れ
○当たる・当る　　○申込む・申し込む　　○田植え・田植
○生まれる・生れる　○答え・答　　　　　○売上げ・売り上げ
○浮ぶ・浮かぶ　　○祭・祭り　　　　　　○売り上げ・売上

＊

＜答＝（　）の前が本則、（　）の中が許容＞
○行う（行なう）　　○聞こえる（聞える）　　○曇り（曇）
○表す（表わす）　　○終わる（終る）　　　　○晴れ（晴）
○当たる（当る）　　○申し込む（申込む）　　○田植え（田植）
○生まれる（生れる）　○答え（答）　　　　　○売り上げ（売上げ）
○浮かぶ（浮ぶ）　　○祭り（祭）　　　　　　○売り上げ（売上）

＊　　　　　＊　　　　　＊

　いかがでしたでしょうか。問題92からもわかるように、本則に比べて許容では送りがなが増えることもあれば、逆に減ることもあって、いろんなケースがあります。

　これらの本則と許容のどちらを使うかということを考えてみた場合、本則によれば間違いのないところですが、一応は本則と許容のどちらを使ってもいいことになっているわけですから、書き手の好みの問題になるのかもしれません。ただし、ひとつの文章の中では、漢字ごとにどちらかに統一しておく必要があるため、この点には注意が必要です。たとえば、あるときは「行う」と書き、あるときは「行なう」と書くというようなことは、してはいけないわけです。これには、読者を混乱させないためという意味合いもあります。

　なお、送りがなのつけ方に対しては、新聞の記事が参考になります。というのは、新聞の記事は送りがなに非常に注意を払って書いてあるからです。

●外国の国名や地名などはカタカナで

　それでは最後に、カタカナについて少し説明します。どちらかといえば、ひらがながやわらかい印象を与えるのに対して、カタカナは鋭い印象を与えますが、カタカナで書くことばを考えてみると、漢字が使われている国の国名や地名は別として、まず外国の国名や地名があげられます。国名でアメリカのことを米国、イギリスのことを英国、フランスのことを仏国などと書くこともありますが、このような書き方は一般的なものではありません。

　そのほか、外国人の名前もカタカナで書きます。外来語もそうです。外来語というのは、外国語から日本語に取り入れられたことばのことで、「パン」や「ガラス」などのことばがあります。これもカタカナで書くのが一般的です。ただし、外来語でも、語源があまり意識されなくなっているものは、ひらがなで書いてもいいことになっています。一例をあげると、「たばこ」や「かるた」などのことばがあります。

　それから、動物や植物の名前の場合は、ひらがなでもカタカナでも、どちらで書いてもいいですし、「犬」や「猫」、「米」、「麦」などのように、漢字で書いてもかまいません。ただし、たとえば「鰹（かつお）は『スズキ目（もく）サバ科』に、鮎（あゆ）は『キュウリウオ目アユ科』に、それぞれ分類される魚です。」というように、学名として書くときだけはカタカナにするのが一般的です。

　動物の鳴き声とか、あるいはいろんな音ということになると、ひらがなで書くか、カタカナで書くか、一概には決められません。たとえば、ウグイスの鳴き声は「ホーホケキョ」と書くことが多いものの、イヌがほえている声は「ワン、ワン」でも「わん、わん」でもかまいませんし、太鼓の音も「ドン、ドン」と「どん、どん」のどちらでもかまいません。このあたりになると、書き手の好みの問題になってくるでしょう。なお、カタカナはことばを強調したいときにも使われることがあります。次に一例を示します。

　　　　　　＊　　　　　　　＊　　　　　　　＊
○ハッタリをきかせておきました。
○きのうとは見違えるほど、机の上がスッキリしています。
　　　　　　＊　　　　　　　＊　　　　　　　＊

§12 一貫性をもたせて順序よく説明する

● きちっとした構成で無理のないストーリーに

　§10において、「箇条書きをする場合、項目が多いときは、グループごとにまとめ、見出しをつけて書いたほうがよりわかりやすくなります」と説明しましたが、グループごとにまとめて書いてあるということは、ある意味では順序よく説明してあるということにもなります。

　一般に、ものごとなどを説明する場面で、話をあっちへもっていったりこっちへもっていったりすると、説明がこんがらがってしまいかねません。説明がこんがらがってしまえば、当然のこととして、書いてある意味合いも理解しにくくなります。

　したがって、ものごとなどを説明するときは、一貫性をもたせて順序よく説明しなければなりませんが、そのためにはなによりもまず、「説明するときのストーリーというものを無理がないものにしておく」必要があります。説明するときのストーリーは当然、説明の文章の構成にかかわってくるため、「説明の文章の構成をきちっとしたものにしておく」必要がある、ということもできるでしょう。

● 時間的な流れ・空間的な位置・論理的な関係を軸に説明を

　それでは、一貫性をもたせて順序よく説明するということに対して、具体的にはどのような説明の仕方があるのでしょうか。これについては、ある程度スタンダードなものとして、次のような説明の仕方があります。
● 時間的な流れを軸にして説明する。
● 空間的な位置を軸にして説明する。
● 論理的な関係を軸にして説明する。

　これらの説明の仕方について詳細を示せば、次のとおりです。

　　　　　＊　　　　　　　＊　　　　　　　＊

＜時間的な流れを軸にした順序のよい説明の仕方＞

　作業手順や製造プロセス、生じたできごとなどを記述する際に、時間的な

流れにしたがって説明する、というものです。過去から現在にかけてというだけでなく、逆に現在から過去にさかのぼりながら説明することもできます。

＊

＜空間的な位置を軸にした順序のよい説明の仕方＞

　装置や物体の構造などを記述する際、上から順に下へとか、右から順に左へ、近くから順に遠くへなどというように、空間的な位置を移動させながら説明する、というものです。

＊

＜論理的な関係を軸にした順序のよい説明の仕方＞

　いろいろなことがらの論理的な関係をはっきりさせた上で、その関係にしたがって説明する、というものです。具体的には、たとえば次のような説明の仕方があります。
- 原因を説明してから、結果を説明する。
- 結果を説明してから、原因を説明する。
- 問題点を説明してから、その解決方法を説明する。
- 一般事項を説明してから、特殊事項を説明する。
- 具体的なことを説明してから、それらに共通する一般的なことを説明する。
- 総論的なことを説明してから、各論的なことを説明する。
- 基礎的な面を説明してから、応用面を説明する。
- 基本的なことを説明してから、付加的なことを説明する。
- 概略を説明してから、細部を説明する。
- 重要なことを説明してから、重要でないことを説明する。
- 単純なものを説明してから、複雑なものを説明する。
- わかりやすいことを説明してから、わかりにくいことを説明する。

＊　　　　＊　　　　＊

　順序のよい説明の仕方というものがおわかりいただけたでしょうか。これらの説明の仕方については、説明の対象となるものごとの内容にもよって、適宜、使いわけることになります。

　一例として、ものごとが順序よく説明されている文章の例を２つ、次に示します。内容的には、いずれも同じ文章です。

＊　　　　　　＊　　　　　　＊

＜順序よく説明されている文章の例：その１＞
　ここにある冷凍食品のギョーザの調理方法は、次のとおりです。最初に、フライパンをよくあたため、いったん、火を止めます。ついで、フライパンに油をひかないで、凍ったままのギョーザを平らな面を下にして並べ、カップ半分弱（80ml）の水を入れます。その後は、フライパンにフタをして、中火でおよそ５分間、蒸しながら焼きます。最後に、フタを取り、中火で残っている水気をとばします。（ギョーザの平らな面にこんがりと焼き目がついたら、できあがりです。）

＊

＜順序よく説明されている文章の例：その２＞
　ここにある冷凍食品のギョーザの調理方法は、次に示す順番のとおりです。
①フライパンをよくあたため、いったん、火を止めます。
②フライパンに油をひかないで、凍ったままのギョーザを平らな面を下にして並べ、カップ半分弱（80ml）の水を入れます。
③フライパンにフタをして、中火でおよそ５分間、蒸しながら焼きます。
④フタを取り、中火で残っている水気をとばします。（ギョーザの平らな面にこんがりと焼き目がついたら、できあがりです。）

＊　　　　　　＊　　　　　　＊

　これらの文章はいずれも、ものごとを時間的な流れにしたがって説明したものの例ですが、最初の文章では、「最初に」・「ついで」・「その後は」・「最後に」ということばを使って、文と文をうまくつないでいます。ものごとを順序よく説明するには、こういったところに気をつけることも大切になってくるわけです。また、２番目の文章では、箇条書きを取り入れています。ものごとを順序よく説明する上では、こういった方法もあるということを覚えておくといいでしょう。

●「５Ｗ１Ｈ」をはっきりさせて
　それから、ものごとを順序よく説明するということに対しては、どのようなときにも使えるわけではありませんが、「５Ｗ１Ｈ」をはっきりさせて説明

するという方法もあります。それでは、ここで「５Ｗ１Ｈ」の問題です。特にむずかしいということもありません。

＊　　　　　　　＊　　　　　　　＊

【問題93】「５Ｗ１Ｈ」とはどういうものか、説明してください。

＊

＜答＞

○ものごとやできごとなどをきちっと把握したり、正確に記述したりするのに必要な「When（いつ）・Where（どこで）・Who（だれが）・What（何を）・Why（なぜ）・How（どのように）」という６つの基本的な要素。

＊　　　　　　　＊　　　　　　　＊

「５Ｗ１Ｈ」については広く知られていますが、「５Ｗ１Ｈ」をはっきりさせて説明するということに対しては、新聞のニュース記事がたいへん参考になります。それは、なぜでしょうか。

一般に、新聞のニュース記事では、情報を正確にきちんと伝えるということが要求されます。このため、「５Ｗ１Ｈ」という６つの要素についてもれなく書くというのが文章の基本とされており、これらの要素に関する情報が非常に順序よく説明してあるので、たいへん参考になるわけです。

なお、「５Ｗ１Ｈ」という６つの要素ですが、どの順序で書くかということについては、特に決まりはありません。説明の内容に応じて、書き手が判断することになります。

§13　より具体的に説明する

●身近なことがらを利用して

　状況にもよりますが、あることがらについてその意味合いなどを説明する場合、一般的な説明にとどまることなく、より具体的な説明も加えておくと、読者にとってはさらに理解しやすくなる、ということがよくあります。そして、そのときには、読者にとっても身近なことがらを利用して説明するというのがひとつの方法です。

　それでは、次に問題を2つだしますので、取り組んでみてください。

　　　　　＊　　　　　　＊　　　　　　＊

【問題94】次の文章では、地球から月までの距離の説明が一般的なものにとどまっています。身近なことがらとして、最高速度が300km／hの新幹線の列車のことを利用し、具体的な説明を加えて地球から月までの距離が感覚的にもよくわかる文章に書き替えてください。

○地球にいちばん近い星は月です。いちばん近いといっても、月までの距離はおよそ38万4,400kmですから、ずいぶん遠いところにあります。

　　　　　　　　　　　　＊

＜答の一例＞

○地球にいちばん近い星は月です。いちばん近いといっても、月までの距離はおよそ38万4,400kmです。<u>最高速度が300km／hの新幹線の列車がずっと最高速度のまま走り続けても、53日と10時間ほどかかる距離ですから</u>、ずいぶん遠いところにあります。

　　　　　＊　　　　　　＊　　　　　　＊

【問題95】次の文章では、小麦畑の広さの説明が一般的なものにとどまっています。身近なことがらとして、広さが39,600㎡の甲子園球場のことを利用し、具体的な説明を加えて小麦畑の広さが感覚的にもよくわかる文章に書き替えてください。

○小麦畑を見せていただきました。見渡す限り、小麦が植えてありましたが、120万㎡ほどの面積だそうですから、かなりの広さです。

§13 より具体的に説明する　　　　103

　　　　　　　　　　＊

＜答の一例＞
○小麦畑を見せていただきました。見渡す限り、小麦が植えてありましたが、120万㎡ほどの面積だそうです。甲子園球場（広さ：39,600㎡）のおよそ30倍ですから、かなりの広さです。
　　　　　＊　　　　　＊　　　　　＊
　いかがでしたでしょうか。読者が文章を読むときには、自分の知識や経験などを思い起こしながら書かれている内容を理解するというようなこともあるので、身近なことがらを使った説明が加えてあれば、意味合いが感覚的にもわかりやすくなります。

●たとえ話を利用して
　身近なことがらを使った説明のほかに、たとえ話を利用してより具体的に説明を加えるという方法もあります。これについても、問題を2つだしますので、取り組んでみてください。
　　　　　＊　　　　　＊　　　　　＊
【問題96】次の文章では、商店街の広場の状況に関する説明が一般的なものにとどまっています。たとえ話として、乗客がすし詰めになった満員電車を例にだし、具体的な説明を加えて商店街の広場の状況が感覚的にもよくわかる文章に書き替えてください。
○パレードの行列を見に行きました。行列が通る商店街の広場には、おおぜいの見物客が集まっており、身動きがとれませんでした。
　　　　　　　　　　＊

＜答の一例＞
○パレードの行列を見に行きました。行列が通る商店街の広場には、おおぜいの見物客が集まっており、まるで乗客がすし詰めになった満員電車みたいで、身動きがとれませんでした。
　　　　　＊　　　　　＊　　　　　＊
【問題97】次の文章では、デザートにだされたケーキの甘さに関する説明が一般的なものにとどまっています。たとえ話として、砂糖を例にだし、具体

的な説明を加えてケーキの甘さが感覚的にもよくわかる文章に書き替えてください。
○デザートにだされたケーキを一口、食べてみて、とてもびっくりしました。驚きの甘さだったのです。

＊

＜答の一例＞
○デザートにだされたケーキを一口、食べてみて、とてもびっくりしました。<u>まるで砂糖を食べているような</u>驚きの甘さだったのです。

＊　　　　＊　　　　＊

　いかがでしたでしょうか。たとえ話が入っていると、状況がより詳しく理解できます。それに、こういった説明の仕方は、文章を読んだときの印象をやわらかくするという副次的な効果も生みだすので、覚えておくといいでしょう。よく考えれば、いろんなくふうの仕方が見つかるものです。

●詳細がわかるように

　それから、説明の場面にもよりますが、身近なことがらやたとえ話を利用するというのではなく、本格的な詳しい説明を加えておくほうがいいときもあるので、この点には注意するようにしてください。一例として、うなぎの料理方法を題材にした文章を次に示します。

＊　　　　＊　　　　＊

＜関東のうなぎの料理方法に関する詳しい説明がない文章＞
　うなぎの料理方法ですが、関西では腹開き、つまりうなぎを腹から割（さ）いて料理するのが一般的です。しかし、関東では背開き、つまりうなぎを背から割いて料理するのが一般的です。関東でも、もともとうなぎ料理が関西から伝わってきたということもあって、当初は腹開きでしたが、江戸時代の寛政年間（1789～1801年）ごろから、背開きで料理されるようになりました。

＊

＜関東のうなぎの料理方法に関する詳しい説明がある文章＞
　うなぎの料理方法ですが、関西では腹開き、つまりうなぎを腹から割（さ）いて料理するのが一般的です。しかし、関東では背開き、つまりうなぎを背か

§13　より具体的に説明する　　　　　　　　　　　105

ら割いて料理するのが一般的です。関東でも、もともとうなぎ料理が関西から伝わってきたということもあって、当初は腹開きでしたが、江戸時代の寛政年間（1789〜1801年）ごろから、背開きで料理されるようになりました。<u>どうして料理方法が変わったかというと、江戸料理の発達に伴って、腹から割く腹開きは「切腹」につながるということで嫌われるようになったため、といわれています。</u>

　　　　　　＊　　　　　　　　　＊　　　　　　　　　＊

　いかがでしょうか。上の例の場合、「関東ではうなぎが背開きで料理される」ということの意味合いは、詳しい説明がない文章に比べると、詳しい説明を加えた文章のほうがはるかによく理解できるはずです。

　それでは、もうひとつの例として、JICAの採用試験を題材にした文を次に示します〔JICA：Japan International Cooperation Agency、独立行政法人国際協力機構（英文表示では、最初に「Japan」がつきます）〕。

　　　　　　＊　　　　　　　　　＊　　　　　　　　　＊

＜JICAの採用試験について説明されていない文＞

　これまでに身につけた専門的な知識を生かして、東南アジアの国々の産業の発展に少しでも貢献するため、<u>JICAの採用試験</u>に応募することに決めました。

　　　　　　　　　　　　　　　＊

＜JICAの採用試験について少し説明されている文＞

　これまでに身につけた専門的な知識を生かして、東南アジアの国々の産業の発展に少しでも貢献するため、<u>JICAが海外へ派遣する人材の採用試験</u>に応募することに決めました。

　　　　　　　　　　　　　　　＊

＜JICAの採用試験について詳しく説明されている文＞

　これまでに身につけた専門的な知識を生かして、東南アジアの国々の産業の発展に少しでも貢献するため、<u>JICAが主に発展途上国において技術協力の分野でさまざまな援助活動を行うために海外へ派遣する人材の採用試験</u>に応募することに決めました。

　　　　　　＊　　　　　　　　　＊　　　　　　　　　＊

いかがでしょうか。上の例から、「詳しく説明すれば詳しく説明するほど、疑問の余地がなくなってくる」ということがよくわかるはずです。もちろん、状況にもよるわけですが、本格的な詳しい説明が必要ではないかと考えられるときは、できるだけ詳しく説明しておくのがいいでしょう。

●理由を明確に

次に、ものごとの因果関係を説明するときのことですが、たとえば「Aであると、Bになる」という書き方をした場合、Aの中にBという事象に対する明確な理由が入っていれば、問題はありません。しかし、そうでないときは、いまひとつ、理解が不十分になります。

したがって、ものごとの因果関係を説明するときは、「Aであると、Bになり、その結果、Cになる」というように、事象に対する理由をはっきりさせておくのがいいでしょう。いわゆる"三段論法"的に、具体的に説明するわけです。一例として、うなぎの蒲焼（かばやき）の薬味に使われる粉山椒（こなさんしょう）を題材にした文章を次に示します。

　　　　＊　　　　　　＊　　　　　　＊

＜山椒のはたらきの理由が明確に説明されていない文章＞

　うなぎの蒲焼（かばやき）に欠かせない薬味として、成熟した山椒（さんしょう）の実を乾燥させ、ついでその皮を粉末状にした粉山椒が使われています。山椒は、うなぎ独特のクセのあるにおいや脂っ濃さを消してくれるからです。

　　　　　　　　　　　＊

＜山椒のはたらきの理由が明確に説明されている文章＞

　うなぎの蒲焼（かばやき）に欠かせない薬味として、成熟した山椒（さんしょう）の実を乾燥させ、ついでその皮を粉末状にした粉山椒が使われています。山椒は、柑橘（かんきつ）系の強い香りとサンショオールというピリッとした、舌をマヒさせるような辛み成分をもっており、この柑橘系の香りとピリッとした辛みがうなぎ独特のクセのあるにおいや脂っ濃さを消してくれるからです。

　　　　＊　　　　　　＊　　　　　　＊

§13 より具体的に説明する

　いかがでしょうか。ものごとの因果関係を説明した場面では、「明確な理由が書いてなければ、読者は『そうなんですか』というレベルの理解にとどまってしまう」のに対して、「明確な理由が書いてあれば、読者は『そういうことでしたか』とよく納得できる」、ということがわかっていただけたのではないでしょうか。

　それでは、どこまで具体的に説明するのがいいのか、決まりというようなものはあるのでしょうか。

　これに対しては、明確な決まりがあるわけではありません。たとえば、暑い日であったことを説明するのに、「暑い日でした。」・「本当に暑い日でした。」・「うだるように暑い日でした。」・「最高温度が実に36度にもなった暑い日でした。」などの表現の中でどれを採用するか、というようなことに対しては、ケースバイケースで判断することになります。

　いずれにしても、「状況に応じて、読者の立場を考えながら判断する」ことが大切になるのは、間違いのないところです。

§14　符号を使いこなす

●符号について

　句読点も符号のひとつですが、一般に、ことばを文字で書き表す場合は、句読点をはじめとして、かっこやハイフンなど、さまざまな符号も使われます。それでは、ここで問題です。

　　　　　　　＊　　　　　　＊　　　　　　＊

【問題98】次の文は、会話の部分がかぎかっこでくくられていません。会話の部分をかぎかっこでくくった文に書き替えて、彼がいったことがよくわかるようにしてください。
○彼は、彼女にその本を貸しだしてくださいといいました。

　　　　　　　　　　　　　＊

＜答＞
○彼は、「彼女にその本を貸しだしてください」といいました。
　（あるいは）
○彼は、彼女に「その本を貸しだしてください」といいました。
メモ：かぎかっこの位置によって、彼がいったことに違いがでてきます。

　　　　　　　＊　　　　　　＊　　　　　　＊

　いかがでしたでしょうか。「符号は、文章の中で大切な役割を果たしている」ということがよく理解できたのではないでしょうか。一般に、文章を作成するときによく使われる符号には、くぎりを表すものとくくりを表すもの、つなぎを表すもの、繰り返しを表すものなどがあります。それでは、ここで問題です。

　　　　　　　＊　　　　　　＊　　　　　　＊

【問題99】くぎりを表す符号には、どのようなものがあるでしょうか。

　　　　　　　　　　　　　＊

＜答の一例＞
　。（句点、マル）
　、（読点、テン）

§14 符号を使いこなす

! （感嘆符、雨垂れ＝あまだれ、エクスクラメーションマーク）
? （疑問符、耳垂れ＝みみだれ、クエスチョンマーク）
・ （中黒＝なかぐろ、中点＝なかてん、中ポツ）
／ （スラッシュ、斜線）
． （ピリオド、フルストップ、ドット）
， （コンマ、カンマ）
： （コロン）
； （セミコロン）

* * *

【問題100】くくりを表す符号には、どのようなものがあるでしょうか。

*

＜答の一例＞
（ ）（かっこ、小かっこ、丸かっこ、パーレン）
｛ ｝（中かっこ、波かっこ、ブレース）
［ ］（大かっこ、角かっこ、ブラケット）
＜ ＞（山かっこ、山形かっこ、山パーレン、アングルブラケット）
《 》（二重山かっこ、二重山形かっこ）
〔 〕（亀甲＝きっこう、亀甲かっこ、亀甲パーレン）
【 】（太亀甲＝ふときっこう、すみつきかっこ、すみつきパーレン）
「 」（かぎかっこ）
『 』（二重かぎかっこ）
' '（シングルクォーテーションマーク）
" "（ダブルクォーテーションマーク）

* * *

【問題101】つなぎを表す符号には、どのようなものがあるでしょうか。

*

＜答の一例＞
－ （ハイフン）
─ （ダッシュ、ダーシ）
＝ （二重ダッシュ、二重ダーシ）

‥（二点リーダー、二点リーダ）
…（三点リーダー、三点リーダ）
〜（波形、波ダッシュ、波ダーシ）

　　　　　　＊　　　　　＊　　　　　＊

【問題102】繰り返しを表す符号には、どのようなものがあるでしょうか。

　　　　　　　　　　　　＊

＜答の一例＞
ゝ（一の字点、一つ点、送り点）
々（同の字点、漢字返し）
〃（同じく、チョンチョン、ノノ字点）

　　　　　　＊　　　　　＊　　　　　＊

　いかがでしたでしょうか。問題99〜問題102からもわかるように、実にさまざまな符号があるわけですが、文章を作成するときには、こういったさまざまな符号をうまく使いこなすということもまた、大切になってきます。

●符号の使い方のいろいろ

　一例として、次に符号を使った文をいくつかあげておきますので、確認してください。

　　　　　　＊　　　　　＊　　　　　＊

＜中黒（なかぐろ）を使った文＞
○ナッツはいわゆる木の実ですが、アーモンド・クルミ・カシューナッツ・ピスタチオナッツ・マカデミアナッツ・ヘーゼルナッツなど、さまざまなものがあり、いずれも副食品として利用されています。
○不朽の名作といわれる小説、「風とともに去りぬ」の作者であるマーガレット・ミッチェルは、アメリカのジョージア州・アトランタで生まれました。
○写真は、多くの人出でにぎわう日曜日の商店街です（東京・原宿にて）。
○吸水・吸汗性にすぐれたスポーツウェアです。
メモ：4番目の文の中にある「吸水・吸汗性」という表現は、「吸水と吸汗性」ではなく、「吸水性と吸汗性」を意味しています。

　　　　　　　　　　　　＊

§14 符号を使いこなす

＜丸かっこを使った文＞
○柴胡桂枝湯（さいこけいしとう）と呼ばれる漢方薬があります。
○東京ドームで行われたアメフト（アメリカンフットボール）の試合を見てきました。
○2月の誕生石は、アメジスト（別名、紫水晶）です。
○近年は、地球の温暖化（人間活動の拡大によって、大気中における二酸化炭素などの温室効果ガスの濃度が増加し、平均気温が上昇してきていること）が大きな問題となっています。
○今度の本は、知恵の友出版（株）から発行することになりました。
メモ：5番目の文の中にある「知恵の友出版（株）」という表現は、「知恵の友出版株式会社」のことです。つまり、「株式会社」は「（株）」と省略して書くことがあるわけです。同じような例ですが、「財団法人」は「（財）」と、「社団法人」は「（社）」と、それぞれ省略して書くことがあります。

＊

＜かぎかっこを使った文＞
○イヌを散歩させていたら、「かわいいですね」と話しかけられました。
○海岸には、護岸用の「テトラポット」がいくつも並べてありました。
○紫式部が「源氏物語」を書き著したのは、平安時代（794～1185年）の中期で、いまから1000年ほども前のことです。
○墨の色の濃淡やぼかしを使うことで、「空気と光を絶妙に表現することができる」といわれる水墨画の技法は、霧を描くのに適しています。
○ディベートとは、「ひとつのテーマを設定して、肯定側と否定側にわかれ、一定のルールにしたがって行う討論」のことをいいます。
メモ：2番目の文の中にある「テトラポット」は、商品名です。商品名の中には一般化して、「ものの名前を表すことば」のように使われているものもあるので、注意が必要です。一例をあげると、「テトラポット」が商品名で"護岸用コンクリートブロック"が一般名、「宅急便」が商品名で"宅配便"が一般名、「ホッチキス」が商品名で"ステープラー"（紙とじ器）が一般名、「マジックインキ」と「サインペン」が商品名で"マーキングペン"が一般名、「クレパス」が商品名で"クレヨン"と"パステル"（固形絵の具の一種）が一般

名、といった具合です。

*

〈ダブルクォーテーションマークを使った文〉
○この地球が誕生してから、およそ46億年という"とほうもなく長い"時間が経過しています。
○これまでのやり方に"固執"するのではなく、新しいやり方に"挑戦"してほしいというのが正直な気持です。
○いわゆる"たっぷりのバターを使って焼きあげた、主に三日月形のサクサクした食感のパン"がクロワッサンです。

*

〈ダッシュを使った文〉
○それは―。
○公園では、アジサイ―植える場所や時期によって花の色が変わることから、七変化（しちへんげ）という別名があります―の花が咲き始めました。
○宿で夕食にだされたきりたんぽ―炊きたてのご飯をつぶして杉の串や細い竹に円筒状にぬりつけ、焼きあげたもの―の料理は、絶品でした。

*

〈三点リーダーを使った文〉
○実は想定の範囲外のことでしたが…、ともかくも問題は解決しました。
○今度の3連休は、のんびりと温泉にでもつかって…。

*

〈同の字点を使った文〉
○世界の国々で活躍しています。
○多くの人々が応援にかけつけました。
メモ：民主主義や物理理論などといった複合語（2つ以上の単語が結合して、新たにひとつの単語としての意味をもつようになったもの）に対しては、民主々義や物理々論などと書くことはできません。

* * *

いかがでしたでしょうか。上に示した例文からもわかるように、補足説明や注としての説明のことばをつけ加えるときは丸かっこ・ダッシュなどを、

§14 符号を使いこなす　　　113

　ことばの意味や定義を示すときは丸かっこ・かぎかっこ・ダブルクォーテーションマーク・ダッシュなどを、特定のことばを強調するときはかぎかっこ・ダブルクォーテーションマークなどを、それぞれ使って書くことができます。つまり、同じ目的に対しても、いろんな符号を使った書き方があるわけです。それでは、どの書き方によるのがいちばんいいのでしょうか。

　これについては、明確な基準があるわけではありません。したがって、書き手の好みの問題になってくるともいえますが、ひとつだけ注意しなければいけないことがあります。

　それはどういうことかというと、符号でくくることばがあまり長くならないようにする必要があるということです。なぜなら、長いことばが符号でくくってあった場合、後ろの符号のところまで読み進んできたときに、「はて、前の符号はどこにあったんだろう。ここは、なんの説明をしているんだろう」ということにもなりかねないからです。

　したがって、符号でくくることばが長くなりそうなときは、無理に符号でくくることを考えないで、符号を使わない書き方にするか、あるいは符号でくくることばを切り離して、別なかたちで説明するのがいいでしょう。一例として、次に問題をひとつだしますので、よく考えてみてください。

　　　　　　　　＊　　　　　　＊　　　　　　＊

【問題 103】次の文は、ことばの意味を符号でくくった書き方になっています。文を分割してもかまいませんので、ことばの意味を符号でくくらない書き方のものに書き替えてください。
○夏休みの一日をプラネタリウム（ドームのスクリーンに本物とそっくりの星空を投影して、惑星の動きやひと晩の星空の変化、季節による星空の移り変わりなど、さまざまな天体現象をうつしだす投影機のことで、このことばは惑星を意味するプラネットということばに由来しており、投影機とドームを合わせた施設全体を指すこともあります）館で過ごして、ロマンあふれる宇宙に想いをはせました。

　　　　　　　　　　　　　＊

＜答の一例＞
○夏休みの一日をプラネタリウム館で過ごして、ロマンあふれる宇宙に想い

をはせました。ちなみに、プラネタリウムというのは、ドームのスクリーンに本物とそっくりの星空を投影して、惑星の動きやひと晩の星空の変化、季節による星空の移り変わりなど、さまざまな天体現象をうつしだす投影機のことです。プラネタリウムということばは、惑星を意味するプラネットということばに由来しており、投影機とドームを合わせた施設全体を指すこともあります。

＊　　　　＊　　　　＊

いかがでしたでしょうか。問題103からもわかるように、いろんな書き方があるので、文章を作成するときは、"臨機応変に"ということも大切になってきます。それでは、くくり方に関連した問題をもう2つだします。

＊　　　　＊　　　　＊

【問題 104】ことばを二重にくくるときは2種類の符号を使いますが、どのようなくくり方があるのか、例を4つ書いてください。

＊

＜答の一例＞
○「……『……』……」　　　　○（……＜……＞……）
○「……"……"……」　　　　○〔……（……）……〕

＊　　　　＊　　　　＊

【問題 105】数学でもよくでてくる数式の場合、二重にくくるときと三重にくくるときは、どのようなくくり方をするのでしょうか。

＊

＜答＞
○二重にくくるとき：{……（……）……}
○三重にくくるとき：[……{……（……）……}……]

＊　　　　＊　　　　＊

● 符号を積極的に利用するという使い方も

　以上にいろいろ説明してきた符号の使い方ですが、会話の部分をかぎかっこでくくるというような、単に符号を使うというよりは、「意味合いがよりよくわかるように、符号を積極的に利用する」という使い方も考えられます。

§14 符号を使いこなす

次の問題に取り組んでいただければ、よくわかるのではないでしょうか。

＊　　　　　＊　　　　　＊

【問題 106】次の文章は、順序よく説明されている文章の例として、§12 で示したものです。これをかぎかっこと矢印「→」を使用した文章に書き替えてください。

○ここにある冷凍食品のギョーザの調理方法は、次のとおりです。最初に、フライパンをよくあたため、いったん、火を止めます。ついで、フライパンに油をひかないで、凍ったままのギョーザを平らな面を下にして並べ、カップ半分弱 (80ml) の水を入れます。その後は、フライパンにフタをして、中火でおよそ５分間、蒸しながら焼きます。最後に、フタを取り、中火で残っている水気をとばします。(ギョーザの平らな面にこんがりと焼き目がついたら、できあがりです。)

＊

＜答の一例＞

○ここにある冷凍食品のギョーザの調理方法は、「フライパンをよくあたため、いったん、火を止める→フライパンに油をひかないで、凍ったままのギョーザを平らな面を下にして並べ、カップ半分弱 (80ml) の水を入れる→フライパンにフタをして、中火でおよそ５分間、蒸しながら焼く→フタを取り、中火で残っている水気をとばす」というものです。(ギョーザの平らな面にこんがりと焼き目がついたら、できあがりです。)

＊　　　　　＊　　　　　＊

いかがでしたでしょうか。問題 106 の文章は、答の一例に示した文章のように、かぎかっこと矢印を使ってまとめ直すことができるわけですが、このような書き方でも、調理方法の順序がよくわかります。符号をうまく利用すれば、こういった書き方もできるので、覚えておくと役にたつこともあるでしょう。それでは、符号の使い方に関連した最後の問題です。

＊　　　　　＊　　　　　＊

【問題 107】次の文には、少し意味がわかりにくいところもあります。かぎかっこを使用した文に書き替えて、もっと意味がわかりやすいものにしてください。

○食材の選定が正しかったことが証明されたことが明らかなのは、いうまでもありません。
○テーブルの上に、ふるいにかけた小麦粉を再びふるいにかけた小麦粉があります。

＊

＜答の一例＞
○「食材の選定が正しかったことが証明された」ことが明らかなのは、いうまでもありません。
○テーブルの上に、「ふるいにかけた小麦粉」を再びふるいにかけた小麦粉があります。

＊　　　＊　　　＊

§4において、「～が」や「～は」という主語がいくつもある文は意味がわかりにくいときもあるので注意しなければいけない、ということを説明しましたが、覚えておられるでしょうか。「～が」や「～は」という主語がいくつもあって意味がわかりにくい文に対しては、上の問題107から理解できるように、かぎかっこなどの符号を使うことによって意味をわかりやすくすることもできるわけです。問題107からはまた、ひとつの文の中に同じことばが2つでてくるときは、最初のことばのほうをかぎかっこなどの符号でくくることによって意味をわかりやすくすることができる、ということも理解できます。こういった符号の使い方があるということも、覚えておくといいでしょう。

§15　図・表・写真を併用する

●図・表・写真を効果的に使って

　新聞を読むと、曜日によっては科学欄が設けてあることに気がつきます。科学欄では科学や技術についての解説記事が載っていますが、こういった科学や技術の解説文、あるいは専門雑誌における学術論文などでは、文章が文字だけでまとめてあることはほとんどなく、多くは図とか、表とか、写真とかいったものも併用してまとめてあるのが一般的です。これは、科学や技術の解説文などではいろんなことがらの全部をことばだけで説明するのがたいへんであること、学術論文などでは当然のことながら各種のデータを伴うものが多いこと、などの理由によっています。図とか、表とか、写真とかいったものを使えば、説得力がでてくるのは間違いのないところでしょう。

　それでは、科学や技術の解説文、あるいは学術論文などではなく、一般的な文章の場合は、どうなのでしょうか。

　一般的な文章であっても、特に制約がなければ、図とか、表とか、写真とかいったものを使うことができます。テーマにもよりますが、これらのものを使うと、文章全体をわかりやすくまとめることができます。次の問題に取り組んでいただければ、よくわかるのではないでしょうか。

＊　　　　＊　　　　＊

【問題108】次の文章は、順序よく説明されている文章の例として、§12で示したものです。これを「図を併用した文章」に書き替えてください。

○ここにある冷凍食品のギョーザの調理方法は、次のとおりです。最初に、フライパンをよくあたため、いったん、火を止めます。ついで、フライパンに油をひかないで、凍ったままのギョーザを平らな面を下にして並べ、カップ半分弱（80ml）の水を入れます。その後は、フライパンにフタをして、中火でおよそ5分間、蒸しながら焼きます。最後に、フタを取り、中火で残っている水気をとばします。（ギョーザの平らな面にこんがりと焼き目がついたら、できあがりです。）

＊

＜答の一例＞

〇ここにある冷凍食品のギョーザの調理方法は、図①に示したとおりです。

```
        （フライパンをよくあたため、いったん、火を止めます。）
                            ↓
  ⎡フライパンに油をひかないで、凍ったままのギョーザを平らな面を⎤
  ⎣下にして並べ、カップ半分弱（80ml）の水を入れます。        ⎦
                            ↓
    （フライパンにフタをして、中火でおよそ５分間、蒸しながら焼きます。）
                            ↓
        （フタを取り、中火で残っている水気をとばします。）
  〔注〕ギョーザの平らな面にこんがりと焼き目がついたら、できあがり
      です。
```

図①　調理方法

＊　　　　　　＊　　　　　　＊

　いかがでしたでしょうか。問題108の文章に対しては、§14では符号を利用したまとめ方があることを説明しました（問題106参照）が、図を併用してわかりやすくまとめることもできるわけです。

　それから、図とか、表とか、写真とかいったものを併用すると、文章がわかりやすくなるというだけでなく、もうひとつの効果がでてきます。

　一般に、科学や技術の解説文などがことばだけの説明でなりたっているとしたら、どうでしょうか。文章の性格を考えると、かたい内容のものが多いわけですから、非常に短いものはともかくとして、ある程度の分量を有する文章では、読者は読むのにうんざりしてしまう可能性があります。

　しかし、図とか、表とか、写真とかいったものが併用されていると、変化がでてくるので、ある程度の分量を有する文章であっても、確実に読みやすくなります。読者には"ほっとした"ところがでてきて、うんざりするということが多少は緩和されるはずですが、そういったことがもうひとつの効果です。

●図・表・写真の分量は全体の 30～50％程度に

　それでは、文章の中で用いる図と表、そして写真の分量としてはどれくらいが適当でしょうか。これについては当然、雑誌などの印刷物に文章が掲載されるときの全体のスペースにもかかわってきますが、科学や技術の解説文などでいうと、たとえばＡ４サイズで２、３ページとか、あるいは４、５ページとかいったスペースがある場合は、図・表・写真を合計した分量としては全体の35～45％程度（したがって、文字による説明の部分の分量は65～55％程度）が適当であり、もう少し幅を広げても30～50％程度（したがって、文字による説明の部分の分量は70～50％程度）とするのがいいでしょう。

　その範囲をはずれると、どうなるのでしょうか。一般には、図・表・写真を合計した分量が30％程度より少なくなると、文字による説明ばかりという感じが強くなり、読むのに抵抗感がでてきます。逆に、図・表・写真を合計した分量が50％程度より多くなると、文字で説明するためのスペースが少なくなり、きちっと解説することがむずかしくなってきます。もっとも、この数値は個人的な経験にもとづくものですから、必ずしもこうしなければいけないということもありません。それに、全体のスペースによってはまた話が違ってきますし、テーマの内容によっても話が違ってきます。

　それから、図とか、表とか、写真とかいったものを使った場合は、それらの内容を表す題名をつけますが、ここで問題です。

　　　　　　　　　＊　　　　　　＊　　　　　　＊

【問題 109】図と表、そして写真ですが、内容を表す題名は、それらの上下のどちらにつけるのが一般的でしょうか。

　　　　　　　　　　　　　　＊

＜答＞
○題名は、図と写真ではその下に、表ではその上に、それぞれつけるのが一般的です。

メモ：学術雑誌における研究報文などでは答のとおりですが、情報誌やパンフレットなどでは、レイアウトデザインの方針によってそうしないときもあります。図や写真に対しても、その上に題名をつけることがあるわけです。

　　　　　　　　　＊　　　　　　＊　　　　　　＊

いかがでしたでしょうか。ちなみに、写真については、学術雑誌や理工学の専門書などでは図として取り扱われることが多いようです。

● 図・表・写真はわかりやすく

さて、図とか、表とか、写真とかいったものを使った場合ですが、題名だけではその内容がわかりにくいときは、"注"としてちょっとした説明をつけ加えておきます。つまり、図とか、表とか、写真とかいったものについては、それらを見ただけで「何を表しているのか」ということがある程度、わかるようにしておくといいわけです。それから、図の中でものの名前を説明するときがありますが、ここでまた問題です。

　　　　　　＊　　　　　　＊　　　　　　＊

【問題110】図の中でものの名前を説明する主な方法を2つ、あげてください。

　　　　　　　　　　　　　＊

＜答の一例＞
○それぞれに通し番号をつけ、一箇所でまとめて名前を説明する。
○通し番号をつけないで、直接、それぞれの名前を説明する。

　　　　　　＊　　　　　　＊　　　　　　＊

いかがでしたでしょうか。少し、わかりにくかったかもしれませんので、ココヤシの果実のよこ方向断面図を用いて、それぞれの例を次に示します（断面の形状は、実際には少し異なりますが、ここでは円形にしました）。

　　　　　　＊　　　　　　＊　　　　　　＊

＜ココヤシの果実のよこ方向断面図：通し番号をつけ、一箇所でまとめて説明＞

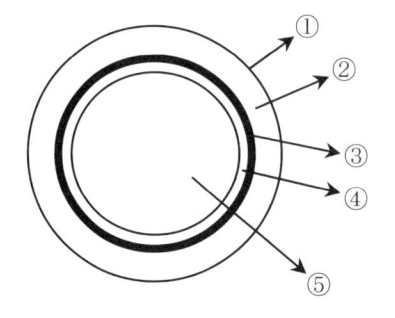

①外果皮（がいかひ）
②中果皮（繊維部）
③内果皮（殻）　　　⎫
④胚乳（はいにゅう）⎬種子
⑤胚乳液　　　　　　⎭

　　　　　　　　　　　　　＊

＜ココヤシの果実のよこ方向断面図：通し番号をつけないで、直接、説明＞

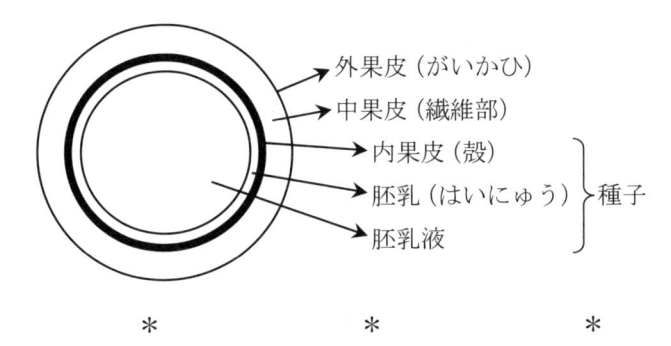

（図：ココヤシの果実のよこ方向断面図。外側から内側へ向かって矢印で以下のラベルが付されている：外果皮（がいかひ）、中果皮（繊維部）、内果皮（殻）、胚乳（はいにゅう）、胚乳液。内果皮・胚乳・胚乳液は「種子」としてまとめられている。）

　　　　　　　＊　　　　　　＊　　　　　　＊

　おわかりいただけたでしょうか。これらを比べてみると、「それぞれに通し番号をつけ、一箇所でまとめて名前を説明する方法」による場合は、番号の内容をいちいち照合しなければならないため、少しめんどうです。これに対して、「通し番号をつけないで、直接、それぞれの名前を説明する方法」による場合は、そういうことをする必要がないため、当然、読者の理解も早くなります。書き手の好みの問題になってくるのかもしれませんが、こういったことを考えると、スペースがうまく使えるのであれば、「通し番号をつけないで、直接、それぞれの名前を説明する方法」によるのがいいでしょう。
　それから、図としてグラフを使うことがありますので、グラフについても少し説明しておきます。
　円グラフなどは別にして、たて軸とよこ軸があるグラフでは、たて軸とよこ軸に目盛を打ち、目盛には数値をつけます。この場合、目盛は細かく打つ必要はなく、また数値も全部の目盛につける必要はありません。できるだけ簡潔にしておくのがいいでしょう。簡潔にしてあれば、グラフが見やすくなります。ただし、おおまかというのではなく、できるだけ詳しく理解させたいという場合は、この限りではありません。なお、目盛につける数値ですが、大きいときは「10 の何乗」という書き方をしてもかまいません。たとえば、「10^5」というような書き方です。
　話が細かくなりますが、グラフに関する説明をもう少し続けます。一般に、グラフのたて軸を説明することばは、学術雑誌における研究報文のようなものであれば、座標軸の原点が左下にある場合、それを中心に上方へ向けてよこ

書きで表記されます。しかし、よこ書きの表記は読みにくいため、情報誌やパンフレットなどの場合は、読みやすさを優先して、グラフのたて軸を説明することばもたて書きで表記するケースが多いようです。

それから、グラフでは、必ずしも全体をケイ線で囲む必要はなく、座標軸、つまり目盛を打つたて軸とよこ軸だけにケイ線を引いて、あとは囲みのケイ線を省略してもかまいません。座標軸の原点が左下にあるグラフでいえば、右端と上端の部分の囲みのケイ線を省略してもいいわけです。

囲みのケイ線を部分的に省略してもかまわないということは、表についてもいえます。表の場合は、左右の両端の囲みのケイ線を省略してもかまいません。表ではまた、欄（らん）をくぎるケイ線でよこ方向のものを部分的に省略したり、場合によってはたて方向のものも部分的に省略したりしてもかまいません。ちなみに、表で囲みのケイ線や欄をくぎるケイ線を部分的に省略するのは、スッキリしたかたちの表にするのが目的です。ただし、表が見づらくなってしまうようなところまで、大幅にケイ線を省略するのは、よくありません。

● 写真に付記する拡大率を間違えないように

それでは、今度は写真について注意しなければいけないことを少し説明します。写真にはいろんなものがありますが、学術雑誌における研究報文、あるいは情報誌における科学や技術の解説文などでは、各種の顕微鏡写真を使うことがあります。顕微鏡写真といってもいろいろで、光学顕微鏡写真や走査型電子顕微鏡写真などといったものがあります。詳しく知りたい場合は、百科事典あるいはインターネットなどで調べてみてください。

このような各種の顕微鏡写真を使用するときは、実際の大きさがわかるように拡大率を付記するのが一般的ですが、その場合、倍率を書くのであれば、間違えることのないように注意しなければなりません。次に問題をだしますので、確認してみましょう。

    ＊   ＊   ＊

【問題 111】撮影倍率がちょうど1万倍の走査型電子顕微鏡写真があって、そこから「6 cm×8 cmの大きさで、長方形のかたちに切り取ったもの」を

情報誌に掲載する場合、次のそれぞれのケースに対し、写真に付記する倍率を答えてください。
（1）6 cm×8 cmという同じサイズで写真を掲載するケース。
（2）3 cm×4 cmというサイズに縮小して写真を掲載するケース。
（3）12 cm×16 cmというサイズに拡大して写真を掲載するケース。

＊

＜答＞
（1）1万倍　　　（2）2,500倍　　　（3）4万倍
メモ：（2）の場合は4分の1の大きさに、（3）の場合は4倍の大きさになるため、それぞれ2,500倍、4万倍と付記するのが正しいことになります。

＊　　　　　＊　　　　　＊

　それから、倍率を付記するのではなく、長さの基準を付記することによって拡大率にあて、実際の大きさがわかるようにしておくというのもあります。たとえば、基準として1 cmの長さの線を引き、その長さが1 μm（マイクロメートル）に相当する、というようなことを写真といっしょに示しておくわけです（1 μmは1,000分の1 mm）。この場合も、使用する写真が情報誌などの印刷物に掲載されるときの大きさに、注意しなければなりません。

　なお、倍率と長さの基準のどちらを付記するのがいいのかということですが、特に決まりというようなものがあるわけではありません。倍率が付記してあれば、ものの長さは計算して求めることになります。逆に、長さの基準が付記してあれば、倍率は計算して求めることになります。つまり、一長一短があるため、ケースバイケースで判断することになりますが、いずれにしても、間違えないようにすることが大切です。

　それから、顕微鏡写真とは違う通常の写真に対しても、場合によっては、大きさがはっきりわかるようにしておくほうがいいというときもあります。その場合は、たとえば「あらかじめ、ものさしの目盛の部分も入れて、写真を撮影しておく」というようなことをしてもいいでしょう。一例をあげますが、ミニカボチャを撮影するときに、その大きさもわかるような写真を考えるのであれば、ものさしの目盛の部分も入れて撮影しておくと、倍率や長さの基準を付記するまでもなく、ミニカボチャの大きさがすぐにわかります。

§16　意味が通じるようにする

● 「主語－述語の対応」を正しく

　たとえば、読点の打ち方が多少、不適切であったとしても、意味が通じるのであれば、致命傷とはいえません。しかし、意味が通じない文が書いてあったとしたら、どうでしょうか。明らかに、致命傷です。文章を作成する上では、致命傷といえるような間違いを犯すことは"厳禁"ですから、そういった観点からすれば、意味が通じない文というものは絶対に書いてはいけないわけです。とはいうものの、さまざまな文章を読んでいると、意味が通じない文を意外によく見かけます。

　なお、文章の書き方に関するさまざまな本を読むと、「意味が通じない文」は、文の構造がねじれているという意味合いもあって、"ねじれた文"などと呼ばれているときもあるようです。

　さて、文の構造の基本を考えてみると、やはり「主語－述語の対応」ということになります。この「主語－述語の対応」が正しくないと、どうでしょうか。当然のこととして、確実に意味が通じない文になってしまいます。したがって、まずは「主語－述語の対応」が正しい文を書くように心がけることが大切になってきます。ちなみに、主語と述語が対応関係にあるということは、§2と§8においても説明したとおりです。

　それでは、いったんまとめた文章を見直しているときに「主語－述語の対応」が正しくない文を見つけた場合、手直しをするにはどのような方法があるのでしょうか。それには、主語のほうからアプローチする方法と述語のほうからアプローチする方法、そして主語と述語の両方からアプローチする方法の3通りが考えられます。次に問題を2つだしますので、取り組んでみてください。

　　　　　　　＊　　　　　　　＊　　　　　　　＊

【問題 112】次の文は、「主語－述語の対応」が正しくないため、意味が通じません。意味が通じる文に書き替えてください。

〇私がよく食べる麺（めん）類は、そばとうどん、ラーメンがあります。

○私は、ひとつの提案があります。
○海苔(のり)の乾燥は、5時間ほど天日にさらします。

＊

＜答の一例＞
○私がよく食べる麺(めん)類には、そばとうどん、ラーメンがあります。
　(あるいは)
　私がよく食べる麺(めん)類は、そばとうどん、ラーメンです。
　(あるいは)
　私がよく食べる麺(めん)類としては、そばとうどん、ラーメンがあげられます。
○私には、ひとつの提案があります。
　(あるいは)
　私は、ひとつの提案をもっています。
○海苔(のり)を乾燥するときは、5時間ほど天日にさらします。
　(あるいは)
　海苔(のり)の乾燥は、5時間ほど天日にさらすことで行います。

＊　　　＊　　　＊

【問題 113】次の文は、「主語－述語の対応」が正しくないため、意味が通じません。意味が通じる文に書き替えてください。
○彼は公園の中を探しまわって、ついに愛犬のポチが見つかりました。
○鉄道研究会は、新しいメンバーが集まり、新幹線の歴史を調べるプロジェクトチームが発足しました。

＊

＜答の一例＞
○彼は公園の中を探しまわって、ついに愛犬のポチを見つけました。
　(あるいは)
　彼は公園の中を探しまわったのですが、その結果、ついに愛犬のポチが見つかりました。
○鉄道研究会は、新しいメンバーを集めて、新幹線の歴史を調べるプロジェクトチームを発足させました。

(あるいは)
○鉄道研究会では、新しい<u>メンバーを集めて</u>、新幹線の歴史を調べる<u>プロジェクトチームを発足させました</u>。

メモ：主語あるいは述語の手直しに伴って、ほかの語句の手直しも必要になるときがあります。

　　　　　＊　　　　　＊　　　　　＊

● 表現を正しく

"対応を正しく"ということでは、主語と述語の対応だけでなく、いろんなことばの対応についても、注意する必要があります。「表現を正しく」とか「いい方を正しく」とかいってもいいでしょう。

それでは、次にいくつかの問題をだしますので、取り組んでみてください。

　　　　　＊　　　　　＊　　　　　＊

【問題 114】次の文は、表現が正しくないため、意味が通じません。意味が通じる文に書き替えてください。

○この夏には、コンサートや工場見学会、花火大会、考古学セミナー、環境パネルなどの行事が予定されています。
○カーペットの上に、ネコの汚れた足がついてしまいました。
○店頭に並んでいる魚には、いろいろな種類がありました。

　　　　　　　　　　＊

＜答の一例＞
○この夏には、<u>コンサートや工場見学会、花火大会、考古学セミナー、環境パネル展などの行事</u>が予定されています。
○カーペットの上に、ネコの汚れた<u>足跡</u>がついてしまいました。
○店頭に並んでいる魚には、<u>いろいろな種類のもの</u>がありました。
（あるいは）
　店頭には、<u>いろいろな種類の魚</u>が並んでいました。

メモ：最初の文でいうと、「環境パネル」はものの名前ですから、行事を表すことばである「環境パネル展」とでも書くのが正しいことになります。

　　　　　＊　　　　　＊　　　　　＊

§16 意味が通じるようにする

【問題 115】次の文は、表現が正しくないため、意味が通じません。意味が通じる文に書き替えてください。
○私たちは、野球を好きでした。
○その件ですが、ようやく統一の基準がつくられることになりました。
○今度の旅行先は、雑誌の記事を参考に決めます。

　　　　　　　　　　　＊

＜答の一例＞
○私たちは、野球が好きでした。
　（あるいは）
　　私たちは、野球を好みました。
○その件ですが、ようやく統一された基準がつくられることになりました。
　（あるいは）
　　その件ですが、ようやく統一した基準がつくられることになりました。
○今度の旅行先は、雑誌の記事を参考にして決めます。
　（あるいは）
　　今度の旅行先は、雑誌の記事を参考にしながら決めます。

　　　　　＊　　　　　＊　　　　　＊

【問題 116】次の文は、表現が正しくないため、意味が通じません。意味が通じる文に書き替えてください。
○野球場を使って練習試合は、予定外のことでした。
○まもなくやってくる夏休みの計画のひとつは、北海道の知床（しれとこ）半島へ旅行します。
○摩耗とクッション性にすぐれたウォーキングシューズでした。

　　　　　　　　　　　＊

＜答の一例＞
○野球場を使って練習試合を行うのは、予定外のことでした。
　（あるいは）
　　野球場を使って練習試合を行うことは、予定外のことでした。
　（あるいは）
　　野球場を使う練習試合は、予定外のことでした。

(あるいは)
　　野球場での練習試合は、予定外のことでした。
○まもなくやってくる夏休みの計画のひとつは、北海道の知床(しれとこ)半
　島への旅行です。
○耐摩耗性とクッション性にすぐれたウォーキングシューズでした。
　(あるいは)
　　摩耗しにくく、クッション性にすぐれたウォーキングシューズでした。
　　　　　　　　　＊　　　　　　　＊　　　　　　　＊
【問題 117】次の文は、表現が正しくないため、意味が通じません。意味が
通じる文に書き替えてください。
○これまで２回にわたって実施した調査結果と新しいガーデニング技術を使
　って、みごとな庭園がつくられました。
○何年にも渡って磨いてきた料理を生かすときが、ついにやってきたのです。
○空港や原子力発電所など、一般の人が入ってはいけない場所を警戒するた
　めに設置されているカメラは、監視カメラのひとつといえます。
　　　　　　　　　　　　　　　＊
＜答の一例＞
○これまで２回にわたって実施した調査結果をふまえ、新しいガーデニング
　技術を使って、みごとな庭園がつくられました。
　(あるいは)
　　これまで２回にわたって実施した調査結果をもとに、新しいガーデニング
　技術を使って、みごとな庭園がつくられました。
○何年にも渡って磨いてきた料理の腕前を生かすときが、ついにやってきた
　のです。
○空港や原子力発電所などで、一般の人が入ってはいけない場所を警戒する
　ために設置されているカメラは、監視カメラのひとつといえます。
　(あるいは)
　　空港や原子力発電所などの中で、一般の人が入ってはいけない場所を警戒
　するために設置されているカメラは、監視カメラのひとつといえます。
　　　　　　　　　＊　　　　　　　＊　　　　　　　＊

少し補足説明をしますと、問題 117 の最初の文は「これまでに実施した調査結果と新しいガーデニング技術を使って～」と書いてありますが、これでは、「『～調査結果』と『～技術』の両方を使って」ということになってしまいます。しかし、「～技術を使って」とはいうものの、「～調査結果を使って」とはいわないので、答の一例に示した文のように書くのが正しいことになります。

　また、問題 117 の最後の文は「空港や原子力発電所など、一般の人が入ってはいけない場所を警戒するために～」と書いてありますが、これでは、「空港や原子力発電所など」が「一般の人が入ってはいけない場所」ということになってしまいます。しかし、空港の中のかなりの部分は一般の人が利用できるし、原子力発電所でも一般の人向けに見学コースが設けてあったりするため、答の一例に示した文のように書くのが正しいことになります。

● 慣用句を間違えないように

　それから、皆さんもご存じのように、慣用句というものがあります。慣用句というのは、2つ以上の単語が結合して、全体としてある特定の意味を表すようになったもののことで、いわば「決まりきったいい方のことば」ともいえます。この慣用句を使うときは、無意識のうちに"うっかりミス"を犯しやすいので、注意が必要です。次の問題で確認してみてください。

　　　　　　　＊　　　　　　　＊　　　　　　　＊

【問題 118】2つずつ書いてある次の表現ですが、正しい慣用句はそれぞれどちらでしょうか。
○愛想（あいそう）を振りまく・愛嬌（あいきょう）を振りまく
○押しも押されもせぬ・押しも押されぬ
○取りつく島がない・取りつく暇がない
○汚名挽回・汚名返上
○怒り心頭に達する・怒り心頭に発する
○立ち居振る舞い・立ち振る舞い
○天下の宝刀・伝家の宝刀
○足をすくわれる・足元をすくわれる

○熱にうなされる・熱に浮かされる
○舌先三寸・口先三寸

*

<答>
○愛嬌（あいきょう）を振りまく　　○立ち居振る舞い
○押しも押されもせぬ　　　　　　　○伝家の宝刀
○取りつく島がない　　　　　　　　○足をすくわれる
○汚名返上　　　　　　　　　　　　○熱に浮かされる
○怒り心頭に発する　　　　　　　　○舌先三寸

*　　　　*　　　　*

● 動詞の使い方を正しく

　次に、動詞（§7参照）の使い方を考えてみた場合、後ろに「たり」ということばをつける使い方をするときがあります。たとえば、「歩く」・「走る」という動詞でいうと、「歩いたり」・「走ったり」というような使い方です。このときの「たり」は、動詞によっては「だり」になります。一例ですが、「泳ぐ」・「遊ぶ」という動詞では、「泳いだり」・「遊んだり」というようになります。

　動詞に対してこのような使い方をするときは、意外によく間違えることがあるため、注意が必要です。これも、次の問題で確認してみてください。

*　　　　*　　　　*

【問題119】次の文は、動詞の使い方が正しくないため、意味が通じません。意味が通じる文に書き替えてください。
○公園では、池の中に入ったり、魚をとらないでください。
○今度の日曜日ですが、ギターを練習したり、庭の芝生を手入れしたり、アルバムと写真の整理、などといった予定があります。

*

<答の一例>
○公園では、<u>池の中に入ったり</u>、<u>魚をとったり</u>しないでください。
○今度の日曜日ですが、<u>ギターを練習したり</u>、<u>庭の芝生を手入れしたり</u>、<u>ア</u>

ルバムと写真を整理したり、などといった予定があります。
（あるいは）
　今度の日曜日ですが、ギターの練習、庭の芝生の手入れ、アルバムと写真の整理、などといった予定があります。

　　　　　　　　＊　　　　　　＊　　　　　　＊

　いかがでしたでしょうか。問題119の最初の文では、「〜池の中に入ったり、魚をとらないでください」と書いてあります。これでも、なんとなく意味は理解できてしまいますが、よく考えてみてください。「魚をとらないでください」という部分だけで考えると、「魚をとらないで」ということばを「ください」ということばが受けているので、つまり「魚をとらないで—ください」という関係になっているので、問題はありません。

　しかし、「池の中に入ったり」という部分を受けることばがどこにも見当たりません。しいていえば、「ください」ということばが受けているといえなくもないですが、これでは「池の中に入ったり—ください」という関係になるので、意味が通じません。どうしてこのようになってしまったのかというと、それは「魚をとらないでください」という書き方がよくなかったからです。

　これに対して、答の一例に示した文では、「〜池の中に入ったり、魚をとったりしないでください」となっています。このように書けば、「しないでください」ということばが「池の中に入ったり」ということばと「魚をとったり」ということばの両方を受けることになるので、つまり「池の中に入ったり—しないでください」と「魚をとったり—しないでください」という関係になるので、問題はなくなります。

　次に、2番目の文ですが、「ギターを練習したり」と「庭の芝生を手入れしたり」の部分はいずれも「〜たり（だり）」という書き方になっているものの、「アルバムと写真の整理」の部分はそうではなく、「整理」という名詞〔人や事物（もの・ものごと・ことがら）などの名を表すことば〕で終わっています。全体の意味がなんとなく理解できてしまうといっても、こういう書き方は、正しいとはいえません。正しいのは、答の一例に示した文のような書き方ということになります。

　なお、答の一例に示した文の中で、最後のものを見ると、読点の前が「〜

練習」、「～手入れ」、「～整理」という書き方になっています。読点の前がいずれも名詞で終わっているわけですが、2番目の文のような場合には、「～たり（だり）」という書き方を続けるだけでなく、このような書き方をすることもできるので、覚えておくといいでしょう。

それでは、動詞の使い方に関連して、もうひとつ問題をだします。

＊　　　　　＊　　　　　＊

【問題120】次の文は、動詞の使い方が正しくないため、意味が通じません。意味が通じる文に書き替えてください。

○その水車ですが、もっと早く回るには、水量が不足しています。
○当初の予定より1時間、早くなった集合時間は、さらに変更することはないでしょう。
○公会堂の外壁は、塗り替えて建築当時の美しさを取り戻しました。

＊

＜答の一例＞
○その水車ですが、もっと早く回すには、水量が不足しています。
○当初の予定より1時間、早くなった集合時間は、さらに変更されることはないでしょう。
○公会堂の外壁は、塗り替えられて建築当時の美しさを取り戻しました。

メモ：2番目の文の場合、かりに「主催者側が」という主語が省略されていることがはっきりしているのであれば（つまり、省略しないで書くと、「～集合時間は、主催者側がさらに変更することはない～」というかたちのものであったとすれば）、問題文が正しく、逆に答の一例として示した文では意味が通じないということになります。こういった点は、いわゆる日本語の微妙なところと、いえなくもありません。

＊　　　　　＊　　　　　＊

●読点の打ち方を間違えないように

それから、読点の打ち方のポイントというようなことについて§1で説明しましたが、読点の打ち方を間違えた場合にも、意味が通じない文になってしまうことがあるので、注意するようにしてください。

§16 意味が通じるようにする

それでは、意味が通じない文に関連した最後の問題です。
　　　　　＊　　　　　＊　　　　　＊
【問題121】次の文は、読点の使い方が正しくないため、意味が通じません。意味が通じる文に書き替えてください。
○品数を減らしたので、食べ残すことはないはずだった料理が残ってしまいました。
○バス旅行は、非常に楽しかったという感想を参加者がいっていました。
　　　　　　　　　　　＊
＜答の一例＞
○品数を減らしたので食べ残すことはないはずだった料理が、残ってしまいました。
（あるいは）
　「品数を減らしたので、食べ残すことはないはずだった」料理が残ってしまいました。
○バス旅行は非常に楽しかった、という感想を参加者がいっていました。
（あるいは）
　バス旅行は非常に楽しかったという感想を、参加者がいっていました。
（あるいは）
　「バス旅行は、非常に楽しかった」という感想を参加者がいっていました。
メモ：最初の文でいえば、「ので」ということばの後ろに読点が打ってあるため、「品数を減らしたので、〜料理が残ってしまいました」という、おかしな意味合いのものになってしまっています。したがって、答の一例に示した文のように書くのが正しいことになります。また、読点の位置をそのままにしても、符号をうまく使えば、意味が通じるようになります。
　　　　　＊　　　　　＊　　　　　＊
いかがでしたでしょうか。問題121のような文は、完全に間違っているかといえば、微妙なところがないわけではありません。しかし、読んだときに「意味がすぐ理解できるように」しておくのが好ましいということを考えれば、答の一例に示したような文のほうが無難といえるでしょう。

§17　推敲を繰り返す

●さまざまな角度から何回も推敲を

　文章の作成に際しては、少しでも"よりよい文章"にしあげるのが好ましいことはいうまでもありません。したがって、文章を作成するときには、"推敲（すいこう）"を欠かすことができません。ところで、推敲ということばですが、このことばにまつわる中国の有名な故事をご存じでしょうか。

　中国の唐の時代(618〜907年)の話です。賈島（かとう）という人が科挙（かきょ＝官史の登用試験）を受けるため、唐の都、長安（現在の西安）へやってきました。あるとき賈島は、ロバに乗って都の中を散策していたのですが、詩作にふけっていたので、ついうっかりして都の知事の行列にぶつかり、無礼をはたらいてしまいました。そのときの都の知事というのが、たまたま有名な詩人でもあった韓愈（かんゆ）という人でした。

　賈島は、自分がつくっている詩の一節を「僧推月下門」〔僧は推（お）す月下の門〕とするのがいいのか、それとも「僧敲月下門」〔僧は敲（たた）く月下の門〕とするのがいいのか、考えあぐねているうちに行列に突きあたってしまったと、正直に申しました。すると、韓愈は、「敲く」のほうがいいだろうと教えて、賈島の無礼を許したということです。

　このような故事から推敲ということばが生まれたといわれていますが、このことからもわかるように、詩文というのではなく文章というものを考えた場合は、推敲ということばは「文章の中のいろいろなことばづかいを何回も吟味して練り直す」というようなことを意味します。

　文章を作成する場合は、どのようなものであっても、絶えず部分的に推敲を繰り返しながら、少しずつ原稿を書き進めるというのが一般的でしょう。「原稿を少し書いては見直し、また原稿を少し書いては見直し」、という進め方です。そして、最後まで書き終えたら、今度は文章全体を推敲することになります。さまざまな角度から何回も見直して、必要な修正を加え、よりよい文章にしあげていくわけです。

　したがって、推敲に際しては、当然のことながら、自分が書いた原稿を厳

しい目で見直すという"強い意志"、そして何回も見直すだけの"根気"が求められます。しかしながら、見直せば見直すほど文章はよくなっていくので、強い意志と根気が要求されるたいへんな作業ではあっても、文章を作成するときは、推敲するということをくれぐれも大切にしなければなりません。

　それでは、次に問題をだします。少しむずかしいかもしれませんが、「推敲することによってよりよい文章にしあげる」ということに取り組んでみてください。

　　　　　　　　　＊　　　　　＊　　　　　＊

【問題122】次にひとつの文章が書いてあります。これを推敲して、よりよい文章にしあげてください。なお、北名古屋市歴史民俗資料館の前身は、師勝町（しかつちょう）歴史民俗資料館です。

○北名古屋市歴史民俗資料館は、平成2年の開設で、昭和時代、特に昭和30年代の生活用品などを数多く集めて展示しており、「昭和日常博物館」とも呼ばれるユニークな博物館です。昭和30年代は、テレビや電気洗濯機、電気冷蔵庫などの電化製品が普及した時代であり、私たちの暮らしが一変しました。

　館内には、昭和30年代の路地裏や床屋、自転車屋、タバコ屋、駄菓子屋などに、ホーロー看板や電化製品、生活用品、雑貨、小物などなど、貴重でなつかしい品々がところ狭しとばかりに並んでいます。これらの品々は、昔の記憶を呼び起こしてくれるだけでなく、当時の元気までも取り戻してくれるような気がします。

　　　　　　　　　　　　　　＊

＜答の一例＞

○平成2年（1990年）に開設された愛知県の北名古屋市にある「北名古屋市歴史民俗資料館」〔旧、師勝町（しかつちょう）歴史民俗資料館〕は、昭和時代、特に昭和30年代（1955〜1964年）の生活用品などを数多く集めて展示しているユニークな博物館で、「昭和日常博物館」とも呼ばれているほどです。

　昭和30年代（1955〜1964年）というのは、テレビや電気洗濯機、電気冷蔵庫などの電化製品が普及して、私たちの暮らしが一変した時代でした。

館内には、昭和30年代（1955〜1964年）の路地裏や床屋、自転車屋、タバコ屋、駄（だ）菓子屋などが再現され、当時のホーロー看板や電化製品、生活用品、雑貨、小物などなど、いまとなっては貴重でなつかしい品々がところ狭しとばかりに並んでいます。館内を見てまわっていると、昔の記憶が呼び起こされるだけでなく、当時の元気までも取り戻せるような気がしてきます。「北名古屋市歴史民俗資料館」は、若い人たちにとっても、当時の暮らしを理解する上で、たいへん参考になることでしょう。

＊　　　　　＊　　　　　＊

　いかがでしたでしょうか。問題122の文章では、答の一例として示したもののほうがはるかによくなっていることがわかるはずです。

　さて、実際に推敲するということを考えてみた場合は、すこしでも効率よく行うのが望ましいわけですが、そのためにはまず、「原稿を最後まで書き終えて、一度、文章にまとめたもの」がきちっとした構成のものになっていなければなりません。きちっとした構成のものになっていないと、文章全体を見直すときに、構成そのものも見直す必要がでてきたりして、推敲するのに時間がかかります。文章の構成を大幅に変更することにでもなれば、それこそ推敲というよりは、原稿の書き直しということになってしまいます。

　それから、文章全体を推敲するときは、全体の分量にも注意する必要があります。たとえば、2,000文字以内の文章が要求されていた場合、とりあえず2,500文字で文章をまとめてみたというときは、当然のことですが、文字数を減らして、規定の2,000文字以内におさめるようにします。

　これに対して、最初から2,000文字以内におさめてまとめた文章では、どうでしょうか。推敲した結果、ある部分を書き直したために文字数が増えてしまった、というようなことが生じるかもしれません。そうなった場合には、ほかのところで文字数を減らし、全体としては2,000文字を超えるこえることがないようにする必要があります。

●推敲はチェックポイントに照らし合わせながら

　推敲の進め方について、もう少し具体的に説明することにしましょう。推敲は、一般にはチェックポイントに照らし合わせながら、書き終えた原稿を

細かく、ていねいに見直すことで行います。このときのチェックポイントには、「書き方にかかわることがら」と「内容にかかわることがら」の2つがあります。

　それでは、推敲を行うときのチェックポイントの問題をだしますので、よく考えてみてください。

＊　　　　　　＊　　　　　　＊

【問題 123】推敲を行うときのチェックポイントで、「書き方にかかわることがら」をできるだけ多くあげてください。

＊

＜答の一例＞
○誤字や脱字はないか。
○ことばづかいは統一されているか。
○親しみにくい、難解なことばを使っていないか。
○漢字が何文字も続く長い語句（長い熟語）を使っていないか。
○送りがなのつけ方は、漢字ごとにそろえてあるか。
○むずかしい漢字や読み慣れない漢字には、読み方がつけてあるか。
○かなで書いたほうが読みやすい語句まで漢字で書いていることはないか。
○漢字とかなのどちらで書くかということが語句ごとに統一されているか。
○漢字が多すぎないか。逆に、かなが多すぎないか。
○句読点は適切なところに打ってあるか。
○符号の使い方に問題はないか。
○符号でくくったことばは、長すぎないか。
○主語と述語の対応に、問題はないか。
○主題は、わかりやすい表現のものになっているか。
○動詞・形容詞・形容動詞で、「中止のかたち」と「『て（で）』が後ろに続くかたち」の使い方に問題はないか。
○ことばのかかり方に、問題はないか。
○ことばとことばの対応に、問題はないか。
○文末のことばに、変化はもたせてあるか。
○読点の前のことばにも、変化はもたせてあるか。

○いいまわしに問題はないか。
○二重否定の表現は、意味合いを間違った使い方をしていないか。
○慣用句の使い方に、問題はないか。
○用語の表現は統一されているか。
○文の長さに問題はないか。
○いつも同じことばを用いて文を続けていないか。
○文の中では、いつも同じことばを用いて語句を続けていないか。
○ひとつの文の中に、多くのことがらを詰めこみすぎていないか。
○ひとつの文の中で、同じ語句を不必要に繰り返して使っていないか。
○ひとつの文の中で、同じ意味合いの語句を同時に2つ使っていないか。
○どのような意味にも受け取れる、あいまいな表現のところはないか。
○意味が通じる文になっているか。
○「です・ます」調と「だ・である」調が混じった文体になっていないか。
○適切な段落になっているか。
○いつも同じことばを用いて段落を続けていないか。
○段落の分量に問題はないか
○文語調の表現を使いすぎていないか。
○読んだときにリズム感があるか。
○範囲を表すことばの使い方は、間違っていないか。
○ほかの語句にかかることばは、長すぎないか。
○前置きのことばは、長すぎないか。
○図と表、そして写真に問題はないか。
- ●使われている用語の表現は、本文の中の用語の表現と一致しているか。
- ●図の中のものの名称は、時間をかけなくてもわかるように書いてあるか。
- ●図のたて軸とよこ軸に打つ目盛は、多すぎないか。
- ●図のたて軸とよこ軸の目盛につける数値は、多すぎないか。

＊　　　　＊　　　　＊

　いかがでしたでしょうか。少し補足説明をしますが、答の一例として示したチェックポイントの中に、「『です・ます』調と『だ・である』調が混じった文体になっていないか」というのがあります。これは、文章の中では「で

す」とか「ます」とかいったていねいなことばで終える文と、そういったていねいなことばではない、「だ」とか「である」とかいったことばで終える文がごっちゃになっていてはいけないということがあるからです。

　ただし、例外的に、§14の問題106で答の一例として示した、全体は「です・ます」調になっているものの、かぎかっこでくくった部分が「だ・である」調になっている文章、科学や技術の解説文で説明の本文が「です・ます」調になっていて、図と表、そして写真につけ加えた補足説明が「だ・である」調になっている文章、などのようなものもあります。なお、「です」とか「ます」とかいったていねいなことばで終える表現法は敬体、そういったていねいなことばではない、「だ」とか「である」とかいったことばで終える表現法は常体と呼ばれています。次の問題で、敬体と常体の文の違いを確認しておきましょう。

　　　　　　＊　　　　　　＊　　　　　　＊

【問題 124】次に書いてあるのは、いずれも敬体の文です。これを常体の文に書き替えてください。
○海外へでかけたのです。
○ついに見つかったようです。
○そのように考えられています。
○まもなく晴れてくるものと思われます。
○その夢はきっと実現することでしょう。

　　　　　　　　　　　　＊

＜答の一例＞
○海外へでかけたのである。
○ついに見つかったようだ。
○そのように考えられている。
○まもなく晴れてくるものと思われる。
○その夢はきっと実現することだろう。

　　　　　　＊　　　　　　＊　　　　　　＊

　それでは、再び推敲を行うときのチェックポイントの問題です。これが最後の問題になります。

*　　　　　*　　　　　*

【問題 125】推敲を行うときのチェックポイントで、「内容にかかわることがら」をできるだけ多くあげてください。

*

＜答の一例＞
○文章の題名は適切か。
○わかりやすい構成になっているか。
○見出しは適切か。
○専門用語の意味の説明は、間違っていないか。
○略語については、最初にでてくるところで正式な名称を説明しているか。
○アルファベットで書いた略語に対しては、英語の正式なつづりと日本語の訳も併記しているか。
○わかりやすい説明になっているか。
○あまりにも抽象的な説明ばかりになっていないか。
○具体的な説明が必要な場面では、説明不足になっていないか。
○ものごとの因果関係の説明では、事象に対する理由をはっきりさせているか。
○学術的な意味合いが正しい説明になっているか。
○同じことがらの説明を何回もしていないか。
○並列と選択の関係は、明確になっているか。
○説明の順序は適切か。
○論理の流れに矛盾はないか。
○文脈が乱れていないか。
○図と表、そして写真に問題はないか。
　●題名は適切か。
　●記載事項に間違いはないか。
　●使われている数値の単位は正しいか。
　●"注"としての説明は、適切でわかりやすいか。
　●図のたて軸とよこ軸を表すことばは、適切で正しいか。
　●各種の顕微鏡写真に付記されている倍率や基準の長さは、正しいか。

*　　　　　*　　　　　*

いかがでしたでしょうか。書き方にかかわることがらにしても、内容にかかわることがらにしても、推敲を行うときのチェックポイントには実にさまざまなものがあります。なお、実際に推敲を行うときは、これらのさまざまなチェックポイントを頭の中に入れておき、「チェックポイントに照らし合わせながら」原稿を細かく、ていねいに見直すことになるわけですが、ある程度の経験を積めば、こういったことが自然にできるようになります。

●いろいろなやり方で推敲を

「文章を作成するときは、何回も推敲する必要があります」と先ほど説明しましたが、推敲に際しては、書き終えた原稿を一度、見直してからある程度の時間、たとえば2日とか3日とかというような時間をおいて、それからまた原稿を見直す、というようなことをするのもいいでしょう。というのは、ある程度の冷却期間をおくと、最初に原稿を見直したときとは別の視点から考えることができるので、前には見逃した間違いに気づいたり、より適した表現が思い浮かんだりすることもあるからです。

ある程度の時間をおいてから推敲するということは、ある意味では「気分転換をはかって」ということにもなるわけですが、気分転換といえば、いったん書き終えた原稿を頭の中に入れておいて、たとえば散歩しながら頭の中で読み返す、というようなことをするのもいいでしょう。「こういういいまわしにすれば、もっとわかりやすくなるのでは」、などというようなアイデアが思い浮かんだりするものです。頭の中で行う作業ですから、かなりテクニックを要しますが、ある程度の経験を積めば自然にできるようになります。

それから、声をだして文章を読みながら、推敲を行ってもかまいません。声をだして文章を読みながら推敲を行う場合は、読むことで目が文字に集中し、一方で耳からもことばが入ってくるので、いわばダブルチェックをしていることになります。大きい声をだして読むことができないときは、自分にしか聞こえない程度の小さい声をだして読めばいいでしょう。

このほかのことでは、"手書き"で文章を作成していた昔と違って、最近はパソコンを使って文章を作成するケースが多くなってきていますから、推敲するときは手書きの時代とはまた違ったことにも注意しなければなりません。

具体的な例をあげると、パソコンのキーボードを操作するときには、たとえば「無線で交信したのです」としなければいけないところをうっかり「無線で更新したのです」としてしまった、というようなことが起こり得ます。いわゆる、"うっかりミス"というものですが、パソコンを使って作成した文章を推敲するときは、そういったうっかりミスも見逃すことのないように、注意しなければならないわけです。

　なお、パソコンを使って文章を作成するときのことですが、通常はディスプレー画面に表示される文字を見ながら、推敲を行います。しかし、経験的にいうと、何回か推敲を重ねたあとで、「もうそろそろ推敲も終わりにしようかな」という段階になったら、一度、プリンターを使って全部の原稿をプリントし、プリントした紙を見ながら推敲を行うのがいいようです。多少、紙がもったいないということはありますが、ディスプレー画面を見ながら行うのとはまた違った感覚で推敲を行うことができるので、それまでの推敲では気づかなかった新しい発見があったりするものです。

　それから、これは推敲というわけではありませんが、第三者に文章を見てもらってチェックを受けるのもいいでしょう。ある表現が意味するところに対し、ときとして書き手には思いもよらなかったような受け取り方をする読者がいたりするので、第三者から受けるチェックは非常に参考になります。

　それでは、どのような人にチェックをお願いすればいいのかということですが、ある程度の文章力をもっている人にお願いするのがいいでしょう。それに加えて、文章のテーマについて詳しい知識はないものの、だいたいのところは理解できるというような人であれば、さらに申し分ありません。

　なぜなら、文章のテーマに関する詳しい知識がありすぎると、むずかしい表現などがあっても理解できてしまい、「こういう表現にすれば、もっとわかりやすくなるのに」というようなことを見逃してしまうこともあるからです。逆に、文章のテーマに関する詳しい知識がなければ、よく考えながらチェックするため、必然的に「こういう表現は、わかりにくい」というようなことに気がつきます。ただし、文章を読んでも書いてある内容があまり理解できないというのであれば、チェックすること自体が無理ということになるため、文章のテーマについて多少は、知識をもっていることが必要です。

参 考 文 献

(1) 大矢武師編集、最もわかりやすい　新ことばのきまり、暁教育図書、1987
(2) 稲賀敬二・竹盛天雄・森野繁夫監修、改訂版　新総合国語便覧、第一学習社、1990
(3) 木下是雄、理科系の作文技術、中央公論社、1996
(4) 宮川松男監修、氏家信久著、科学技術文書の作り方、朝倉書店、1986
(5) 今村　昌訳、科学論文の書き方　説得力はこうして生まれる、丸善、1989
(6) 田中　潔、手ぎわよい科学論文の仕上げ方（付）初心者べからず集　第2版、共立出版、1994
(7) 末武　弘、科学論文をどう書くか　口頭発表の仕方まで、講談社、1995
(8) 冨田軍二著、小泉貞明・石館　基補訂、新版　科学論文のまとめ方と書き方、朝倉書店、1995
(9) 斉藤　孝、増補　学術論文の技法、日本エディタースクール出版部、1988
(10) 大隅秀夫、新訂　文章の実習、日本エディタースクール出版部、1984
(11) 大隅秀夫、実例　文章教室、日本エディタースクール出版部、1993
(12) 永山嘉昭編集、日経ＢＰ社監修、説得できる文章・表現２００の鉄則、日経ＢＰ出版センター、1994
(13) 秋庭道博、"上手い"といわれる　入門　文章の技術、大和出版、1995
(14) 能戸清司、うまい！といわれる　文章はどう書く、ＫＫベストセラーズ、1990
(15) 馬場博治、読ませる文章の書き方、創元社、1983
(16) 大類雅敏、文章は、句読点で決まる！、ぎょうせい、1990
(17) 大類雅敏、いい文章　うまい書き方、池田書店、1996

- (18) 平井昌夫、新版 文章を書く技術、社会思想社、1983
- (19) 本田勝一、日本語の作文技術、朝日新聞社、1996
- (20) 本田勝一、実践・日本語の作文技術、朝日新聞社、1996
- (21) 樺島忠夫編集、文章作法事典、東京堂出版、1981
- (22) 樺島忠夫、文章作成の技術－知的ワープロ・パソコン用－、三省堂、1992
- (23) 一ノ坪俊一、ことばの訓練教室 書く技術、日本経済新聞、1985
- (24) 尾川正二、原稿の書き方、講談社、1998
- (25) 鶴見俊輔、文章心得帖、潮文庫、1980
- (26) 国文学編集部編集、文章表現公式帖、學燈社、1989
- (27) 国文11月臨時増刊号（第31巻 第14号） 文章表現セミナーA～Z、學燈社、1986
- (28) 辰濃和男、文章の書き方、岩波書店、1994
- (29) 大野 晋、日本語練習帳、岩波書店、1999
- (30) 森脇逸雄、書く技術、創元社、1995
- (31) 森脇逸男、文章の書き方の基本を身につける本、中経出版、1997
- (32) 森脇逸男、新版 書く技術なにを、どう文章にするか―、創元社、2004
- (33) 永山嘉昭・雨宮 拓・黒田 聡、説得できる文章・表現200の鉄則―第3版―、日経BP社、2000
- (34) 八木和久、例題で学ぶ原稿の書き方―わかりやすい文章のために―、米田出版、2001

あとがき

　すべての原稿の執筆を終えたいま、振り返ってみると、さてどうでしょうか。「わかりやすくて、読みやすく、しかもまぎらわしくない文章」を作成するためのキーポイントは、どの程度、うまく説明できたのでしょうか…。読者の判断にゆだねたいと思いますが、筆のいたらなかった点については、どうかご容赦（ようしゃ）いただきたく存じます。

　「わかりやすくて、読みやすく、しかもまぎらわしくない文章」を作成する技能も、いわゆる文章力ということになるわけですが、文章力を高めるには、当然のことながら、経験を積むことが大切になってきます。経験を積めば積むほど、文章力が高まって、よりよい文章を作成することができるようになるものです。ただし、"その気"になって取り組まなければ、いくら経験を積んでも、文章力が高まることはありません。"考えながら原稿を書き、そして原稿を書きながら考える"という姿勢を大切にして、"その気"になって文章を作成するという経験を積むことが肝要である、といえるでしょう。

　本書は筆者にとって5冊目の著書になりますが、本書の原稿を執筆していたときには、家から歩いて数分のところにあるウォーキングコース（兼ジョギングコース）が整備された大きな公園へ、気分転換を兼ねてよく散策にでかけました。このため、春には満開の桜の花、夏には濃い木々の緑、秋には色鮮やかな紅葉、冬には競うようにして咲き誇るさざんかの花などといったように、四季を通して、そのときそのときの"美しい、自然の風景を楽しみながら"という、ある意味ではぜいたくな思考の時間をとることもできました。こういったこともあって、今回の原稿の執筆では、企業に在職中に出版したこれまでの本の原稿の執筆とはまた違う、多くの思い出が残りました。

　ところで、筆者の家には、「とら丸」という名前の8歳のネコがいます。生後まもなくして、とある公園の片隅に捨てられたにもかかわらず、1時間も

たたないうちにやさしい女性に拾われ、さまざまな"善意のリレー"があってわが家にやってきた、実に幸運なネコなのです。

ネコ（家で飼われているイエネコ）は、自分の食べものの世話などを飼い主がしてくれるというようなことがあるため、飼い主に対して自分の親のように思って甘えるという、いわゆる"幼児性"をもっています。

たとえば、ネコだけで７、８時間も留守番をさせて、外出先から家に戻ってきたら、どういうことになるでしょうか。留守番をしていたときの寂しさをうめるかのように、飼い主に甘えてまとわりつき、しばらくの間は、決して飼い主から離れようとしないのです。飼い主が右へ動けば自分も右へ、飼い主が左へ動けば自分も左へ、といった具合です。へたに動けば、ネコのしっぽや足を踏んでしまうことにもなりかねません。

その反面、ネコは、飼い主が自分の"ボス"であるという認識をイヌのようにはもっておらず、「いくら呼んでも知らんぷり」ということもあります。ネコは強制されたり、干渉されたりすることが嫌いで、かなり"自由に"生きているわけですが、これは、イヌの祖先とは違って、ネコの祖先が群れで暮らさず、一匹ずつ森や林などにひそんで単独行動をとって暮らしていた、したがってある意味では仲間などからいろいろと干渉されることもなく自由に暮らしていたので、そういったことがいまでも本能として備わっているためである、といわれています。ネコは、わがままなゆえにマイペースで生きているわけではなく、生まれつきの性質上、そうしているわけです。

ひるがえって、わが身のことを考えてみると、どうでしょうか。やはり、自分は"モノを書く"ということが好きだ、といわざるを得ません。企業を定年退職したあと、ネコほど自由にというわけではありませんが、それでもある程度、自由にモノを書きながら一日一日を過ごしてくることができました。そういった日々に感謝しつつ、今後もなんらかのかたちで、"文筆という世界"に身を置くことができればと、思っています。

事項索引

ア 行

雨垂れ　*109*
アングルブラケット　*109*

いいまわし　*89*
一の字点　*110*
一貫性　*98*
意味　*33, 124*
意味合い　*58, 114*
印刷物　*1, 20, 25, 119, 123*

エクスクラメーションマーク　*109*

応答　*10*
送りがな　*95*
送り点　*110*
同じく　*110*

カ 行

改行　*18*
楷書　*88*
外来語　*97*
会話　*3, 4*

かかり方　*67, 77*
かぎかっこ　*3, 109, 111, 115*
角かっこ　*109*
拡大率　*122*
箇条書き　*85, 98, 100*
カタカナ　*87, 97*
かっこ　*2, 3, 93, 109*
かな　*46, 87, 89, 91*
かな書き　*91*
漢字　*12, 32, 86, 88, 89, 92, 93, 95*
漢字返し　*110*
感嘆符　*2, 109*
感動　*10*
カンマ　*109*
慣用句　*129*

亀甲　*109*
亀甲かっこ　*109*
亀甲パーレン　*109*
疑問符　*2, 109*
行　*46*
行書　*88*
許容　*95*

クエスチョンマーク　*109*
くぎり　*108*
くくり　*108, 109*
句点　*1, 108*
句読点　*1, 48, 108*
グラフ　*121, 122*
繰り返し　*108*

ケイ線　*122*
敬体　*139*
形容詞　*46, 47, 48*
形容動詞　*46, 47, 48*
現代語　*30*
顕微鏡写真　*122*

口語　*30*
口語調　*30*
構成　*18, 24, 72, 98, 136*
構造　*13, 124*
50音図　*46*
語順　*6*
5W1H　*100, 101*
古典語　*30*
コロン　*109*
コンマ　*1, 109*

サ　行

三段論法　*106*
三点リーダ　*110*
三点リーダー　*110, 112*

指示語　*77*
写真　*117, 119, 120, 122*
斜線　*109*
終止符　*1*
熟語　*32*
主語　*15, 26, 27, 28, 58, 59, 124*
主題　*15, 61*
述語　*15, 58, 59, 124*
順序　*68, 98*
小かっこ　*109*
常体　*139*
常用漢字　*86*
書体　*88*
シングルクォーテーションマーク　*109*
新聞　*96, 101*

図　*117, 119, 120*
推敲　*134, 136, 137, 140, 141*
数式　*114*
数値　*121*
すみつきかっこ　*109*
すみつきパーレン　*109*
スラッシュ　*109*

セミコロン　*109*
全角　*25*
選択　*83*
専門用語　*33, 63, 93*

草書　*87, 88*

タ 行

ダーシ　*109*
大かっこ　*109*
題名　*119*
ダッシュ　*109, 112*
ダブルクォーテーションマーク　*109, 112*
段　*46*
単語　*46, 112, 129*
段落　*18, 20, 22, 24, 25, 36, 37, 72*

中かっこ　*109*
中心文　*22, 24*
チェックポイント　*136, 137, 140*
チョンチョン　*110*

つなぎ　*108*

提示　*10*
テン　*108*

動詞　*46, 47, 48*
読点　*1, 4, 28, 42, 48, 52, 108, 132*
同の字点　*110, 112*
当用漢字　*86*
ドット　*109*
トピックセンテンス　*22*

ナ 行

中黒　*109, 110*
長さ　*15, 17, 36, 123*
中点　*109*
中ポツ　*109*
波形　*110*
波かっこ　*109*
波ダーシ　*110*
波ダッシュ　*110*

二重かぎかっこ　*109*
二重ダーシ　*109*
二重ダッシュ　*109*
二重否定　*34*
二重山形かっこ　*109*
二重山かっこ　*109*
二点リーダ　*110*
二点リーダー　*110*
ニュース記事　*101*

ノノ字点　*110*

ハ 行

パーレン　*109*
ハイフン　*109*
How　*101*
パラグラフ　*18*
範囲　*63*
半角　*25*

一つ点　*110*
表　*117, 119, 120, 122*
表現　*30, 34, 126*
ひらがな　*87, 97*
ピリオド　*1, 109*

Who　*101*
複合語　*112*
符号　*108, 110*
太亀甲　*109*
ブラケット　*109*
ふりがな　*93, 95*
フルストップ　*109*
ブレース　*109*
文　*15, 17, 36*
文語　*30*
文語調　*30*
文章　*18, 33, 36, 58, 72, 101, 117, 124, 134*
文末　*1, 41*
文脈　*6, 14, 72,*
分量　*19, 20, 36, 119*

並列　*83*

Where　*101*
When　*101*
Why　*101*
What　*101*
本則　*95*

マ 行

間　*14*
前置き　*10, 75, 76*
交ぜ書き　*93*
マル　*108*
丸かっこ　*109, 111*

耳垂れ　*109*

名詞　*131*
目盛　*121, 123*

ヤ 行

山形かっこ　*109*
山かっこ　*109*
山パーレン　*109*

呼びかけ　*10*

ラ 行

リズム感　*36, 46, 48*
理由　*106*

ルビ　*95*

例外　*95*

ワ 行

ワンパターン　*37, 38*

<著者略歴>

八木　和久
（やぎ　かずひさ）

1968年名古屋工業大学工学部繊維高分子工学科卒業．同年三菱レイヨン株式会社入社．中央研究所，繊維加工研究所を経て，1978年花王株式会社（当時，花王石鹸株式会社）入社．和歌山研究所，化学品事業部門，作成部門，広報部門に所属し，技術情報誌「花王ケミカルだより」編集長を経て社史編纂室室長兼資料室室長．2004年同社を定年退職して，個人事務所「オフィス八木」を構え，同事務所代表．2009年情報保存研究会会長（情報保存研究会：公文書館・博物館・資料館・図書館などのさまざまな情報保存機関におけるいろいろな資史料の保存と活用のための各種の専用の製品やシステムなどを取り扱う専門企業が集まって設立した団体）．

著書：「洗浄の基礎知識」（共著），産業図書（1993）
　　　「科学の話いろいろ―生活と産業の中から―」，裳華房（1994）
　　　「油脂化学入門―基礎から応用まで―」（共著），産業図書（1995）
　　　「例題で学ぶ原稿の書き方―わかりやすい文章のために―」，米田出版（2001）

文章作成のキーポイント

2007年5月14日　初　版
2011年5月25日　第2刷

著　者……………八　木　和　久
発行者……………米　田　忠　史
発行所……………米　田　出　版
　　　　　　　〒272-0103　千葉県市川市本行徳31-5
　　　　　　　電話　047-356-8594
発売所……………産業図書株式会社
　　　　　　　〒102-0072　東京都千代田区飯田橋2-11-3
　　　　　　　電話　03-3261-7821

© Kazuhisa Yagi　2007　　　　　　　　中央印刷・山崎製本所

ISBN978-4-946553-29-5　C0081